Jürgen Pfaff

Gebete aus dem Herzen

Jürgen Pfaff

Gebete

aus dem

Herzen

Inspirationen empfangen und
Veränderung in dein Leben einladen

HANS-NIETSCH-VERLAG

Die Informationen in diesem Buch werden nach bestem Wissen und Gewissen weitergegeben. Krankheiten und Krankheitssymptome sind hier genannt, um ein ganzheitliches Verständnis des Menschen zu ermöglichen. Keinesfalls soll der Besuch bei einem Arzt oder Heilpraktiker ersetzt werden. Daher übernehmen Autor und Verlag keine Haftung für Ansprüche, die im Zusammenhang mit der Verwertung oder Anwendung der Hinweise, Übungen und Techniken in diesem Buch geltend gemacht werden.

© Hans-Nietsch-Verlag 2017

Lektorat: Martina Klose, Freiburg
Korrektorat: Petra Westermann
Bildvorlagen: Jürgen Pfaff
Innenlayout und Satz: Rosi Weiss
Umschlaggestaltung, Bearbeitung der Bildvorlagen: Peter Krafft
Druck: Dimograf Sp z o.o., Bielsko-Biała/Polen

Hans-Nietsch-Verlag
Schauinslandstr. 136 h
79100 Freiburg

www.nietsch.de
info@nietsch.de

ISBN 978-3-86264-520-6

Inhalt

Vorwort

Liebe Leserin, lieber Leser!

Ich freue mich, dass du dieses Büchlein in deinen Händen hältst. Auf welchem Wege ist es zu dir gekommen? Hast du es selbst gekauft, geschenkt bekommen oder hast du es dir bei einem lieben Menschen ausgeliehen? Das ist völlig egal. Wir alle wissen, dass es keinen Zufall gibt auf dieser Welt. Alles hat seinen Sinn, nichts geschieht einfach so. Du möchtest dich also mit der Kraft der Gebete beschäftigen, die ihre Energie aus dem Herzen erhalten. Wundere dich nicht darüber, dass diese Gebete wirklich stark sind in ihrer Wirkung. Sie entfalten ihre volle Kraft durch die Portion Liebe, die du ihnen beifügst. Wie das alles genau funktioniert, wirst du in diesem Büchlein erfahren.

Zunächst möchte ich betonen, dass es keine festgelegten Gesetze gibt, wie ein Gebet zu gestalten ist. Es gibt hier kein Richtig und kein Falsch. Ich möchte dich an den wunderbaren Erfahrungen teilhaben lassen, die ich in den letzten Jahrzehnten mit dem Beten machen durfte. In meinen Seminaren und bei meinen Vorträgen betone ich immer, dass ich lediglich ein wunderbares

Buffet mit köstlichen Speisen anbiete wie bei einem Gala-Dinner. Im übertragenen Sinne sind meine Erfahrungen mit Gebeten nichts anderes. Sie sind ein Angebot, und du allein entscheidest, was du hiervon annehmen und in dein Leben aufnehmen möchtest. Eben wie bei einem Buffet, du wählst aus ... ganz nach deinem Gusto. Das eine schmeckt dir, das andere vielleicht nicht (im übertragenen Sinne natürlich). Ist es nicht nach deinem Geschmack, dann lasse es einfach liegen. Ein Leitsatz war bisher mein ständiger Begleiter: „Nicht alles ist für jeden gut", und das ist tatsächlich so.

Außerdem solltest du wissen, dass ich keiner religiösen Gemeinschaft angehöre. Und doch glaube ich an Gott, an die Schöpfung und das Göttliche in jedem Menschen, in allem Lebendigen. Bei dem Wort „Gebet" schwingt bis heute etwas „Ach so Heiliges" mit. Doch für mich ist Beten etwas Alltägliches, etwas Wunderbares – denn es mag Wundern den Weg bereiten – und tatsächlich äußerst Wirkungsvolles. Und ich denke, Gebet ist nicht allein Sache kirchlicher Vereinigungen oder Glaubensrichtungen. Mir war es immer wichtig, ein Gebet von dogmatischen Handlungsweisen zu trennen und es damit zu befreien von jeglichen Zwängen. Doch auch das musst du für dich entscheiden. Wenn du möchtest, gehe jetzt kurz in dich und denke über das Gebet und welche Rolle es in deinem Leben spielt nach. Schnell werden dir deine Gedanken und dein Empfinden hierüber bewusst.

Die Bilder, die du in *Gebete aus dem Herzen* findest, sind Schwingungsbilder. Wenn du möchtest, lasse dich beim Beten auf ihre Farben und Formen ein und spüre in deinem Herzen die Energie, die dabei entsteht. Die Bilder habe ich in meditativem Zustand mit Kreide aufs Papier gebracht. Wenn du sie jedoch nicht verwenden möchtest, so ist das völlig in Ordnung. Dann erfreue dich einfach an ihren Farben.

Nun wünsche ich dir wunderbare Erkenntnisse rund um das Thema „Gebet" mit seinen zahlreichen Facetten.

Alles Liebe
Jürgen Pfaff

Einige Gedanken zum Thema „Gebet"

Das Gebet (abgeleitet vom Verb „bitten", auch wenn es heute eher dem Verb „beten" zugehörig erscheint) spielt eine entscheidende Rolle in der Glaubenspraxis vieler Menschen. Es ist eine rituelle Hinwendung in verbaler oder nonverbaler Form zu einem Wesen oder gleich einer ganzen Gruppen von uns nicht immer sichtbaren Wesenheiten, in der ein Wunsch oder ein Dank oder beides formuliert wird.

Zunächst wird im Gebet das Wesen (oder Gott direkt) genannt, an das wir uns wenden wollen. Oft scheint das Wort „Gott" zu sehr religiös besetzt, zu sehr einer Glaubensrichtung zugehörig. Ich persönlich habe zum Beispiel als Jugendlicher das Wort „Gott" und alles, was damit zu tun hatte, völlig abgelehnt. Eines Tages erkannte ich allerdings, dass „Gott" nicht zwangsläufig ein Teil der Kirche ist, und konnte für mich fortan „Kirche", in der Form, wie ich sie damals kennenlernen durfte, und „Gott" voneinander trennen. Es waren nun zwei verschiedene Dinge. Und so habe ich auch schnell begriffen, dass es keinen strafenden Gott gibt. Gott, die Göttlichkeit und die göttliche Liebe hielten Einzug in mein Leben. Heute weiß ich um die Existenz Gottes, der himmlischen Wesenheiten und all der Energien, die man spüren kann, wenn man sich dafür öffnet. Da ich ein skeptischer Mensch bin, glaube ich nicht alles, was man mir erzählt, und schon gar nicht, was irgendwo „geschrieben steht". So habe ich mir zu eigen gemacht, Dinge selbst auszuprobieren und mit meinem Herzen, mit der reinen Herzensenergie zu erspüren. Denn: „Man sieht nur mit dem Herzen gut. Das Wesentliche ist für die Augen unsichtbar", so kann man es schon in *Der kleine Prinz* von Antoine de Saint-Exupéry nachlesen. Über das Thema „Herzensenergie" kannst du im gleichnamigen Kapitel (Seite 23 ff.) mehr erfahren.

Nach der Anrede des Wesens, an das wir uns wenden, folgt in der Regel eine oder mehrere Bitten bzw.

Wünsche. Manchmal werden zusätzlich Worte eingefügt, die erläutern, warum wir um dies oder jenes bitten. Das Gebet endet mit dem Wort „Amen". Im christlichen Glauben sind wir es gewohnt, auf diese Weise abzuschließen. *Amen* bedeutet nichts anderes als: „So sei es." Manchmal verwende ich als Abschluss auch einfach unsere Worte „So sei es". Also können wir an dieser Stelle festhalten: Ein Gebet ist eine Anrufung, ein Zwiegespräch mit Wesen anderer Ebenen, mit Gott, der Schöpfung ..., die eine oder mehrere Wünsche oder Bitten und vielleicht noch erläuternde Worte beinhaltet sowie einen Dank, und mit dem Wort „Amen" als Bekräftigung abschließt.

Das bekannteste Gebet aus dem christlichen Glauben ist das Vaterunser. Es ist zudem das einzige, das Jesus von Nazareth selbst laut Neuem Testament seine Jünger gelehrt haben soll. Es wird von Christen aller Kirchen und Konfessionen in der längeren Version mit insgesamt sieben Bitten, die im Matthäusevangelium (Matthäus 6,5–15) enthalten ist, im Gottesdienst gebetet. Im Lukasevangelium (Lukas 11,1–4) gibt es eine kürzere Version mit fünf Bitten. Allerdings wurde dieses Gebet schon allzu oft analysiert, und so möchte dir hier ein anderes Gebet vorstellen, das ich selbst ersonnen und das sich in meinem Leben als wirkungsvoll erwiesen hat, um es ein wenig genauer zu betrachten:

(1) *Lieber Gott, liebe Schöpfung, alle meine Engel, alle meine himmlischen Helfer,*

(2) *ich bitte Euch von ganzem Herzen, helft mir bei ...., gebt mir Kraft und Stärke, damit ich dieses Thema bearbeiten kann.*

(3) *Ich möchte Klarheit in meinem Leben erhalten und reinen Herzens leben können, daher brauche ich dringend Eure Hilfe.*

(4) *Ich danke Euch.*

(5) *Amen.*

(1) Hier wird Gott direkt angesprochen. Zusätzlich wird das Wort „Schöpfung" verwendet, was eigentlich nur eine andere Bezeichnung für das Göttliche ist. Außerdem werden Engel und himmlische Helfer angerufen. Wen wir letztendlich ansprechen, das bleibt uns ganz persönlich überlassen. Es gibt hier

keine feste Regel. Je nach Glauben, je nach Erfahrungen ist die Anrede tatsächlich frei wählbar. Wichtig ist allein, dass du dich mit dem angesprochenen Wesen im Herzen verbunden fühlst.

(2) Das ist die eigentliche Bitte um Hilfe, um die Stärkung von Energien.

(3) Hier folgt nun die Erklärung, warum dieser Wunsch formuliert wird.

(4) Jetzt wird ein Dank formuliert. Wenn du dem Dank noch mehr Kraft verleihen möchtest, stellst du dir dabei vor, wie aus deinem Herzzentrum ein rosafarbener Strahl direkt zu den angerufenen Wesen herausfließt. Das ist ein wunderbares Ritual, weil wir damit unmittelbar erfahren, dass wir etwas zurückgeben.

(5) Das Gebet schließt mit dem Wort „Amen" ab; es könnte auch, wie bereits erläutert, mit „So sei es" enden.

Dieses Beispiel zeigt klar, wie ein Gebet aufgebaut ist. Natürlich gibt es viele Variationen und Aufbaumöglichkeiten von Gebeten, doch mit dieser Komposition habe ich die besten Erfahrungen gemacht. Probiere es einfach aus oder verwende deine eigenen Worte.

Wie Gebete wirken

Gebete entfalten ihre Wirkung auf mindestens zwei Ebenen. Ein Gebet zu sprechen oder leise zu denken führt einerseits dazu, dass uns das bestehende Problem gegenwärtig wird, dass wir uns damit auseinandersetzen. Wir beschäftigen uns intensiv mit etwas und lenken unseren Fokus auf eine ganz bestimmte Sache oder Begebenheit. Diese bekommt also unweigerlich Aufmerksamkeit und damit Energie. In unserem Unterbewusstsein werden bereits während des Formulierens Prozesse in Gang gesetzt. Somit wirkt ein Gebet ganz natürlich aus unserem Inneren heraus. Wir formulieren unser Thema und unser Anliegen, beschäftigen uns damit und geben es an eine höhere Instanz ab. Vielleicht nicht zu hundert Prozent, weil das Thema ja zu unserem Leben gehört. Trotzdem wird das, was uns da bewegt, durch die Worte des Gebetes mehr oder weniger in die Hände von Wesen höherer Ebenen gelegt ... und wir dürfen uns erleichtert fühlen.

Nimm nach deinem nächsten Gebet einfach einmal wahr, welche Energien in dir, um dich herum zu spüren sind. Meist ist es ganz deutlich eine Leichtigkeit, die wir fühlen. Das also ist die erste Ebene, auf der ein Gebet wirkt.

Doch lass uns nun die zweite Ebene betrachten, die göttliche, himmlische Ebene. Was geschieht hier? Vielleicht hast du bereits Erfahrungen mit Engeln gemacht und weißt um die Kräfte, mit der Engel an und mit uns arbeiten können.* Engel stehen uns gern bei. Sie treten in unser Leben und helfen uns, wenn wir sie darum bitten oder sie in unser Leben einladen. Ungebeten dürfen sie nicht eingreifen. Natürlich gibt es auch hier eine Ausnahme: Geraten wir in Lebensgefahr und unsere Lebensuhr ist noch nicht abgelaufen, so mischen sie sich auch ungefragt ein. Engelwesen haben eine sanfte und kraftvolle Energie zugleich und vermögen einiges zu

---

* Wenn du intensiver mit Engeln arbeiten möchtest, kann ich dir meine beiden Buch-Karten-Sets *Engel erleben* und *Die Seraphim erleben* empfehlen. Siehe auch „Literatur- und CD-Empfehlungen", Seite 115 ff.

bewirken. Sich direkt an Gott zu wenden ist selbstverständlich ebenfalls sehr wirkungsvoll. „Gott", „die Schöpfung" oder „das Göttliche" ist die höchste Ebene, die wir ansprechen können. Wenn wir das tun, werden Erleichterung und Wärme in der Herzgegend spürbar. Achte bei deinem nächsten Gebet einfach einmal darauf: Was du wahrnimmst, ist die reine Liebe, die Gott verkörpert. Eine wundervolle Energie, eine einzigartige Kraft, die nur schwer in Worte zu fassen ist. Doch du kannst sie deutlich spüren, wenn du dich dafür öffnest. Die Absicht allein reicht dafür aus.

Wie aber kommt es, dass wir ab und an einmal das Gefühl haben, dass unsere Gebete kein Gehör finden? Zum einen sind es unsere Erwartungen, die oft sehr groß sind und nicht sofort erfüllt werden. Zum anderen ist es manchmal so, dass unsere Gebete zwar erhört werden, aber eben erst nach Tagen, Wochen oder sogar Monaten oder Jahren. Daher gilt: *Sei geduldig!* Möglicherweise bringen wir die Veränderung, die zeitversetzt eintritt, gar nicht mehr mit einem Gebet, das wir vor langer Zeit formuliert haben, in Verbindung. Das ist menschlich. Hier hilft es, *wenn du vertraust.*

Was aber ist los, dass wir überhaupt kein Gehör finden und nach Jahren denken: „Meine Güte, dafür habe ich schon so oft gebetet und nichts geschieht!" Es gibt eine einfache Erklärung: Unser Leben hier auf dieser Erde folgt einem bestimmten Lebensplan, der viele Lernaufgaben beinhaltet, die wir uns selbst für dieses Leben vorgenommen haben. Entspricht nun ein Wunsch in einem Gebet unserem Lebensplan absolut nicht, dann würde uns göttliches Eingreifen hier eine Erfahrung nehmen, die für unsere Entwicklung sehr wichtig ist ... und so darf das Gebet nicht wirken. Wenn unsere Seele sich vorgenommen hat, in dieser Inkarnation die ein oder andere Erfahrung zu machen, dann wird kein himmlisches Wesen eingreifen und eine Veränderung herbeiführen! So einfach ist das.

Ein paar Worte zum Thema „Zeit" möchte ich dir noch mit auf den Weg geben: Wir Menschen sind ungeduldig, wir möchten am liebsten alles sofort oder zumindest in absehbarer Zeit erreichen. Wann jedoch sich das, worum wir in einem Gebet bitten, erfüllt, das liegt nicht in unserer Hand. Das entscheidet Gott, das Göttliche oder die Schöpfung, wie immer du Es nennen magst.

Vor Jahren betete ich um absolute berufliche Erfüllung. Ich betete um eine Anstellung in einem Büro, wollte anderen Menschen helfen, Vorträge halten und formulierte in einigen Gebeten, dass ich auch gern Flüchtlingen helfen würde, sich in diesem Land zurechtzufinden. Dieses sehr ausführliche Gebet habe ich sehr lang und immer wieder gesprochen. Und jetzt, nach gut zwei Jahren, ist es erhört worden: Ich habe diesen Job gefunden. Genau das, was ich mir gewünscht habe. Ich gehe auf in meiner Arbeit, bin glücklich und habe das Gefühl, etwas Gutes für Menschen zu tun, was mich ganz erfüllt.

Selbstverständlich hätte ich mir gewünscht, dass das schneller eintrifft. Aber es dauerte eben zwei Jahre, bis genau das Richtige für mich da war. Geduld ist in jedem Fall unendlich wichtig. Und wenn nicht sofort eine Wirkung deines Gebets zu spüren ist, dann bedeutet das nicht, dass du vergessen bist. Vielmehr wird es sicherlich zum richtigen Zeitpunkt geschehen, damit es auch wirklich passt und sich rundum gut anfühlt.

Wenn es etwas länger dauert, sei nicht entmutigt, bete weiter, formuliere deine Wünsche, deine Bitten. Und wenn es zugelassen ist und deinem Lebensplan nicht widerspricht und dich auch keiner wichtigen Erfahrung beraubt, kannst du sicher sein: Dein Gebet wird erhört und das wird genau zur rechten Zeit in deinem Leben spürbar sein.

Die Herzensenergie aktivieren

Die Zeit, in der wir leben, ist unglaublich kopflastig. Und so sind wir immer mehr dazu aufgefordert, auch mit unserem Herzen wahrzunehmen. Doch wie geht das? – Nichts einfacher als das. Wenn wir die Absicht äußern, unser Herzzentrum zu öffnen, und mehr und mehr mit den Herzensenergien wahrnehmen möchten, so ist das meiste bereits getan. Spazieren wir beispielsweise durch die Natur, durch ein einsames Waldstück, und möchten gern Kontakt mit den dort lebenden Naturwesen aufnehmen, so fällt uns das wesentlich leichter, wenn wir zuvor unser Herzzentrum öffnen. Wenn du vielleicht des Öfteren meditierst oder sogar regelmäßig, versuche doch einmal mit geöffnetem Herzzentrum zu meditieren.

Du wirst mit geöffnetem Herzzentrum schneller und deutlich intensiver mit geistigen Wesen wie Engeln oder Aufgestiegenen Meistern in Verbindung treten können. Der Zugang zu deinem Inneren wird ebenfalls leichter erfahrbar. Versuche es einmal. Mit aktivierter Herzensenergie zu beten ist um ein Vielfaches wirkungsvoller.

Ich habe es mir zur Gewohnheit gemacht, nach dem Gebet ein Dankeschön aus reiner Herzensenergie in die geistige Welt, zu den Engeln, zu Gott – zu dem Wesen, das ich angerufen habe – zu senden. Dem Dank gebe ich zusätzlich Kraft durch meine Gedanken: Ich tauche die Herzensenergie in einen zartrosa Farbton. Wenn du dies selbst ausprobierst, wundere dich nicht: Es wird dir warm ums Herz werden und ein wohliges Gefühl wird sich in deiner Mitte ausbreiten.

Doch kommen wir nun dazu, wie du dein Herzzentrum öffnest. Hierfür gibt es ein Ritual, das sehr wirkungsvoll ist. Später, wenn du etwas geübter bist, reicht allein deine Absicht aus. Ich möchte dir hier also ein Ritual im wahrsten Sinne des Wortes ans Herz legen, ein sehr einfaches und dennoch unglaublich effektives:

Setze oder lege dich bequem hin, schließe deine Augen und konzentriere dich auf deinen Atem. Spüre, wie der Atem fließt, ganz von allein ... es gibt nichts zu tun. Folge mit deiner Aufmerksamkeit deinem Atem. Nimm wahr, wie er in deine Lungen hineinfließt und wie mit dem Ausatmen alles, was du nicht brauchst und was dir nicht guttut, wieder abfließt ...

Lenke deinen Atem nun direkt in dein Herz-
zentrum. Es befindet sich in Brusthöhe in der Mitte
deines Brustkorbs, direkt am Brustbein. Nimm
diesen Punkt wahr. Lasse deinen Atem kraft deiner
Gedanken direkt in dein Herzzentrum hinein-
fließen. Spüre, wie dein Herzzentrum sich weitet …
es fühlt sich warm und klar an. Mit jedem Atemzug,
den du in dein Herzzentrum hineinfließen lässt,
nimmt dieses Zentrum an Größe zu, es weitet sich.
Stelle es dir wie eine Lotosblüte vor … zunächst ist
es eine Knospe. Mit jedem Atemzug öffnet sich
diese Knospe, dein Herzzentrum, mehr und mehr.
Atme so lange in dein Herzzentrum hinein, bis die
Lotosblüte vollständig geöffnet ist …
Bleibe nun noch einen Augenblick in völliger
Ruhe in deiner Position, bevor du die Augen mit
dem Bewusstsein öffnest, dass dein Herzzentrum
nun geöffnet und bereit ist, Herzensenergie zu
senden und zu empfangen.

Jetzt kannst du mit deinem Gebet beginnen. Nimm wahr,
wie sich dein Gebet nun anfühlt, wo du deine Herzens-

energie zum Fließen gebracht hast. Der Unterschied zu deinen früheren Gebeten ist wahrscheinlich kaum in Worte zu fassen. Wenn du dein Gebet beendet hast, kannst du ein Dankeschön in Form von wunderschöner Herzensenergie schicken.

Möchtest du dein Herzzentrum wieder in den vorherigen Zustand bringen, so genügt der Gedanke: „Mein Herzzentrum ist jetzt wieder im Normalzustand!" Das würde man tun, wenn man danach vielleicht von vielen Menschen umgeben ist, weil man etwa in einem großen Einkaufszentrum unterwegs ist, oder wenn man einfach nicht zu viel spüren möchte.

Ich habe einmal den Selbstversuch gemacht und bin ganz bewusst einen ganzen Tag lang mit geöffnetem Herzzentrum durch meinen Alltag gegangen: Es war eine tolle Erfahrung. Allerdings bin ich auch zu der Überzeugung gekommen, dass man im Alltag nicht unbedingt jede Situation oder Person mit geöffnetem Herzzentrum spüren muss. Das kannst du aber für dich selbst entscheiden. Experimentiere mit deiner Herzensenergie. Das wird dir sicher neue Erfahrungen und wunderbare Erkenntnisse schenken.

An wen wir Gebete richten

Die meisten von uns sind wohl christlich erzogen. Das bedeutet, die erste Adresse, an die wir ein Gebet richten, ist *Gott*. Als Kind betete ich gemeinsam mit meiner Mutter; sie lehrte mich schon sehr früh zu beten, obwohl wir nie Kirchgänger waren. Doch da gab es den Glauben an Gott und *das Göttliche* und so beteten wir zu Gott. Das erste Gebet, das viele kleine Kinder in früheren Zeiten gelernt haben, war: „Ich bin klein, mein Herz ist rein, soll niemand drin wohnen als Jesus/Gott allein! Amen." Es war auch mein erstes Gebet, und es war ein schönes Ritual, diese Worte gemeinsam mit meiner Mutter vor dem Schlafengehen zu sprechen. Wenn wir zu Gott, zum Göttlichen, zur *Schöpfung* beten, wenden wir uns sozusagen an die „erste Adresse". Das können wir tun, wenn wir es mit unserem Glauben vereinbaren können.

Zu seinen *Vorfahren*, die bereits in anderen Ebenen verweilen, zu beten, das ist ebenfalls nicht unüblich. *Menschen, die uns irgendwann sehr nahe standen*, aber bereits nicht mehr auf der Erde weilen, kennen uns sehr gut. Auch wenn sie jetzt nicht mehr auf dieser Welt sind. Natürlich liegt es nahe, zu diesen, uns doch wohlvertrauten Personen, zu beten. Als meine Mutter diese Erde nach schwerer Krankheit im Jahr 1991 in meinen Armen verlassen hatte, war sie mir noch immer sehr nahe. Die Tage, Wochen und Monate danach sprach ich oft mit ihr. Ich muss gestehen, dass die Abstände immer größer wurden, je mehr Zeit verstrich. Sich mit Worten an Verstorbene, deren Seele sich jetzt auf einer anderen Ebene aufhalten, zu wenden ist ein schönes Gefühl und hilft enorm bei der Trauerarbeit. Ich bat meine Mutter zum Beispiel, loszulassen und das Sein ohne Körper und ohne Schmerzen zu genießen. Und oft bat ich sie um ihren Schutz oder ihre Begleitung in der ein oder anderen schwierigen Situation. Von Zeit zu Zeit war für mich dann die Energie meiner Mutter sehr deutlich spürbar. Wenn du möchtest, mache deine eigenen Erfahrungen mit Seelen, die nicht mehr hier auf der Welt weilen.

Sich an *Aufgestiegene Meister* zu wenden ist ebenfalls sehr wirkungsvoll. Wenn du dich mit dieser Ebene der geistigen Wesen bereits beschäftigt hast, ist es für dich vielleicht sinnvoll, dein Gebet in diese Ebene zu schicken. Die Aufgestiegenen Meister sind Wesenheiten, die bereits eine oder viele Inkarnationen hier auf unserem Planeten hatten. Das bedeutet, sie wissen genau, wie sich das Leben in diesem Körper hier auf Erden anfühlt. Wo die Grenzen sind, was wichtig und was verzichtbar ist, wenn man ein schönes Leben haben möchte. Diese Meister haben also Erfahrung mit dem irdischen Dasein. Ich möchte ein paar bekannte Aufgestiegene Meister nennen: St. Germain, Jesus, Maria, Lady Nada, Hilarion, Maha Chohan – und es gibt noch viele mehr. Wenn du dich mit diesen Wesenheiten intensiver beschäftigen möchtest, so gibt es reichlich Bücher hierüber (siehe auch unter „Literatur- und CD-Empfehlungen", Seite 115 ff.).

Viele Menschen wenden sich im Gebet an *Engel*. Diese Wesen sind uns sehr nahe, stehen uns immer gern zur Seite, wenn uns ihre Unterstützung nicht um eine für uns wichtige Erfahrung bringt. Es gibt ein kosmisches Gesetz: Engel dürfen nicht ungefragt in unser Leben eingreifen. Sie respektieren unseren freien Willen. Wenn wir sie aber bitten, sie in unser Leben einladen, dann sind ihnen Tür und Tor – und somit der Zugang zu uns – geöffnet. Natürlich gibt es eine Ausnahme für das gerade genannte kosmische Gesetz: Bringen wir uns in Lebens-gefahr und unsere Lebensuhr ist noch nicht abgelaufen, so werden uns die Engel vor dem Schlimmsten bewahren, auch wenn wir sie nicht darum gebeten haben.

Es gibt viele Menschen, die von unglaublichen Erlebnissen in Lebensgefahr erzählen, Augenblicken, in denen sie kurz das Bewusstsein verloren hatten und anschließend aus der gefährlichen Situation auf mysteriöse Weise gerettet worden waren. Menschen, die so etwas erfahren haben, wissen im Nachhinein nicht mehr, was genau sich zugetragen hat. Vielleicht kennst du solche Berichte auch oder dir ist selbst so etwas geschehen? Zu den Engeln zu beten ist wunderschön. Du kannst zu einem bestimmten Engel beten oder ganz einfach alle Engel ansprechen. Wenn du nicht genau weißt, welcher Engel wofür zuständig ist, bete einfach zu allen Engeln und bitte darum, dass genau die helfen mögen, die für die betreffende Situation bzw. das jeweilige Thema zuständig sind oder am meisten Erfahrung damit haben.

Es gibt verschiedene Engelgruppen, man spricht auch von „Engelhierarchien". Dieses Wort mag ich überhaupt nicht, denn man könnte meinen, dass eine Engelgruppe besser oder wichtiger ist als eine andere.

Dem ist allerdings nicht so. Alle haben ihre Berechtigung und ihr speziellen Aufgaben. Die Engel, die uns am nächsten sind, sind unsere *Schutzengel*. Zur nächsten Gruppe gehören die *Aufgestiegenen Meister*. Es folgt die große Gruppe der *Erzengel*, dann kommen die *Cherubim* und anschließend die *Elohim*. Und ganz zum Schluss folgen die *Seraphim*.

Man sagt, die Seraphim seien dem Thron Gottes am nächsten. Diese Engel zeigen sich in den letzten Jahren immer öfter. Sie sind sehr wichtig für unsere Zeit, da sie uns zeigen, was nicht mehr förderlich ist für unsere Entwicklung, und uns helfen, uns zu reinigen. Es ist eine wunderbare Engelgruppe mit sehr feinen Energien.* An dieser Stelle möchte ich dir drei der bekanntesten Erzengel vorstellen:

Erzengel Michael steht für Schutz und das Abtrennen von Verbindungen, die nicht mehr förderlich für uns sind.

---

* Wenn du dich mehr mit den Seraphim beschäftigen möchtest, kann ich dir mein Buch-Karten-Set *Die Seraphim erleben* empfehlen. Siehe „Literatur- und CD-Empfehlungen", Seite 115 ff.

Michael wird oft mit einem goldenen Schwert dargestellt. Erzengel Michael benutzt dieses Schwert, um unsichtbare Verbindungen, zum Beispiel die, die zwischen ehemaligen Partnern und dir weiterhin bestehen, zu durchtrennen. Zudem ist Erzengel Michael für Geräte zuständig. Wenn also unser PC Dinge tut, die er vielleicht nicht tun sollte, so können wir Erzengel Michael bitten, zu helfen. Michael hat eine schützende Energie.

Erzengel Raphael ist der Erzengel der Heilung – von Personen, Situationen im Innen und im Außen. Natürlich ist es wichtig, parallel die Ursache einer Krankheit diagnostizieren zu lassen und diese von einem Arzt oder Heilpraktiker auch auf der körperlichen Ebene zu heilen. Wenn ich zu Erzengel Raphael bete, so klingt mein Gebet etwa wie folgt:

Erzengel Raphael,
bitte leite Deine Heilenergie in meinen Körper, in den
Bereich ...., und bitte bringe all Deine Helfer mit, die sich
mit diesem Teil meines Körpers ebenfalls gut auskennen
und hilfreich sind …
Danke. Amen.

Du erkennst sicher, dass ich das Beten nicht als dogmatische Handlung betrachte. Beten ist ein lockeres Zwiegespräch. Gestalte also ruhig deine eigenen wirkungsvollen Sätze.

Erzengel Gabriel ist der Überbringer von Neuigkeiten. Er soll seinerzeit Maria verkündet haben, dass sie in anderen Umständen ist. Dieser Erzengel ist zuständig für alles Neue – für neue Wege, Entscheidungen. Wenn du in dieser Richtung Hinweise wünschst oder Hilfe erbitten möchtest, wende dich vertrauensvoll an Erzengel Gabriel.

Du siehst, an wen du dein Gebete richtest, das kann je nach Anliegen variieren. Wenn ich zu allen Wesen sprechen oder Beten möchte, dann beginnt mein Gebet so:

Lieber Gott im Himmel, liebe Schöpfung, alle meine Aufgestiegenen Meister, all meine Engel und Helfer …

Formuliere dein Gebet mit deinen eigenen Worten, so, wie sie gerade in dir auftauchen.

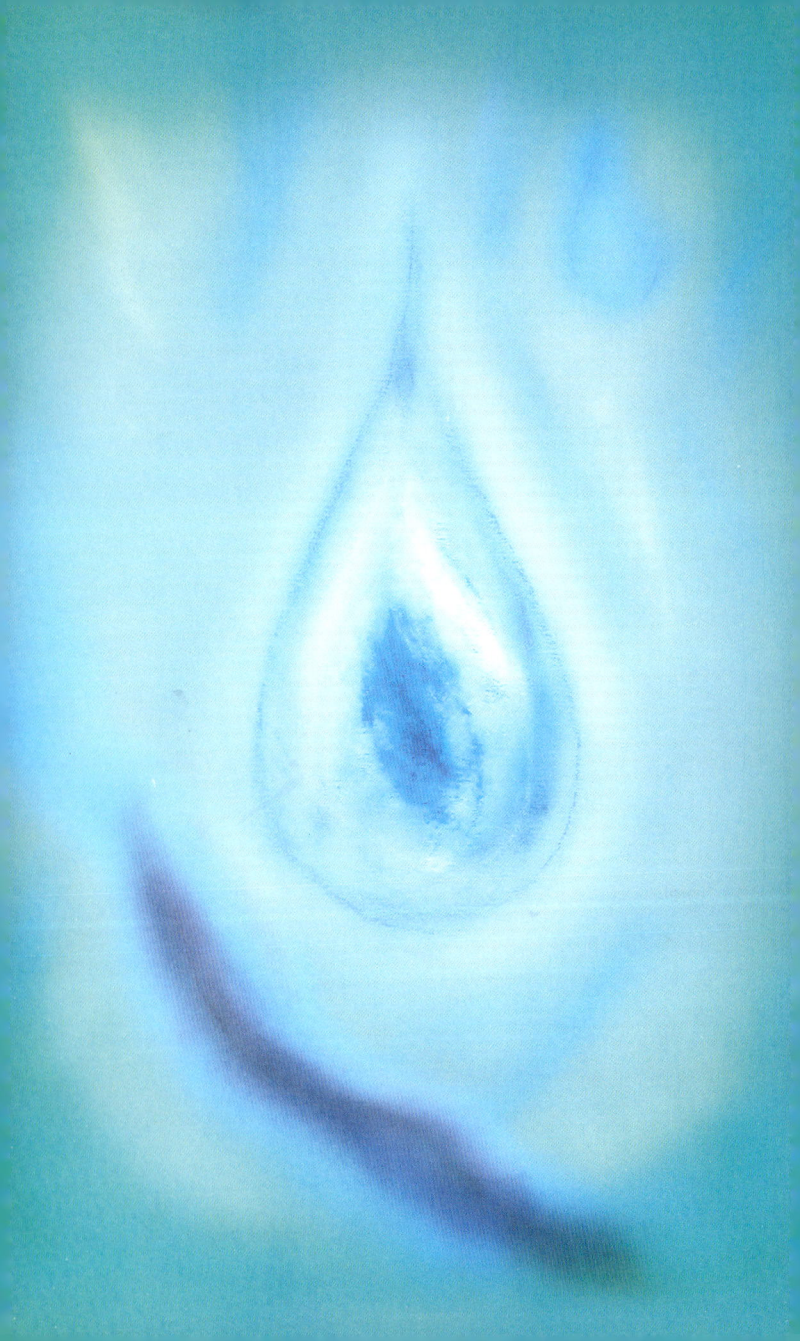

Schutzgebete

Ich gehe nie aus dem Haus, ohne ein Schutzgebet gesprochen zu haben. An wen du ein solches Schutzgebet richtest, das bleibt allein dir überlassen. Jeder von uns hat mindestens einen Schutzengel. Es spricht also nichts dagegen, diesen Engel um Schutz zu bitten. Ein morgendliches Gebet für Schutz ist schnell gesprochen und wirkt sofort. Es könnte folgendermaßen lauten:

Liebe ..../Lieber.......,

ich bitte um Schutz für den heutigen Tag.

Bitte schütze mich in allen Situationen, bei allen Handlungen,

bei allem, was heute geschieht.

Danke. Amen.

Du kannst ganz leicht deine eigene Formulierung finden. Spiele ein wenig mit den Worten, bis es sich richtig und gut für dich anfühlen. Denke daran, vorher dein Herzzentrum zu öffnen, dann kannst du intensiver und schneller fühlen.

Wenn unangenehme oder unschöne Situationen ins Haus stehen und du dich ihnen ganz bewusst stellen magst, formuliere ruhig zusätzlich für diese Begebenheit ein eigenes Gebet, eine eigene Bitte. Habe ich zum Beispiel eine stundenlange Autofahrt vor mir – und glaube mir, ich fahre nicht gern Auto und weite Strecken schon gar nicht –, dann spreche ich die folgenden Worte:

Liebe ....,
bitte schützt meinen Körper, meinen Geist, meine Seele
und mein Auto auf der nun folgenden Autofahrt.
Danke. Amen.

Dieses Gebet gibt mir mehr Leichtigkeit und ein gutes Gefühl. Musst du ein Gespräch führen, bei dem du im Vorfeld schon weißt, dass du verbalen Angriffen ausgesetzt sein wirst oder es auf eine andere Weise unangenehm für dich werden wird, dann wirken die folgenden Worte:

Liebe ..../Lieber ....,
bitte sei jetzt bei dem Gespräch mit .... bei mir.
Hilf mir, die richtigen Worte zu finden, und schütze mich.
Danke. Amen.

Wähle auch hierfür gern deine eigenen Worte. Wie lang ein solches Gebet ist, das spielt keine Rolle. Wichtig sind allein deine Absicht und dass du es tust. Bestimmt kennst du genügend Situationen im Alltag, bei denen du schon im Vorhinein denkst: „Hoffentlich geht das gut!" Hier kannst du ein zusätzliches Schutzgebet formulieren. Wenn du magst, immer nach vorheriger Herzensöffnung. Bist du geübt in der Öffnung deines Herzens, dann reicht ein einziger Gedanke, der deine Absicht ausdrückt, wie: „Mein Herzzentrum ist geöffnet, es ist weit." Spüre kurz in dich hinein, damit sich der Zustand festigen kann.

Angst heilen im Gebet

Angst ist ein zentrales Thema, das uns alle betrifft: Ängste vor Spinnen, vor Enge, vor Schlangen, vor Insekten, vor Menschenansammlungen und vor Verlust, um nur ein paar Richtungen der Angst zu nennen, können uns plagen. Und die Frage ist auch: Würden wir überhaupt beten, wenn wir uns nicht vor bestimmten Situationen, Herausforderungen und Menschen fürchten würden?

Angst ist ein Grundgefühl, das uns Menschen in realen,

als bedrohlich empfundenen Situationen auf eine Reaktion vorbereitet, sie erhöht also unsere Anpassungsfähigkeit. Die körperlichen Vorgänge sollen die Voraussetzungen schaffen für Kampf oder Flucht. Natürlich haben wir im Laufe der Evolution gelernt, Angst beiseitezuschieben: wie ein kleines Kind, das die Augen schließt und denkt, dass es nun selbst auch nicht mehr zu sehen ist.

Doch zurück zu unseren Urreaktionen: Flucht oder Kampf. Welche der beiden Möglichkeiten würdest du bevorzugen, welche der beiden Reaktionen ist die bessere? Die Wahrheit ist, dass keine der beiden wirklich erstrebenswert, dass keine besser oder schlechter ist als die andere. Situationen, in denen Leib und Leben bedroht sind, gibt es heute nicht mehr viele. In unserem modernen Alltag gibt es nur selten Augenblicke, in denen wir tatsächlich am besten davonlaufen oder kämpfen sollten. Doch was machen wir nun mit unserer Angst, wenn sie auftaucht? Ich möchte dir eine einfache Lösung anbieten, die funktioniert: Lass uns um Heilung der Angst beten. Beten wir, dass unsere tief sitzenden Ängste Heilung erfahren mögen, sodass wir weder den Impuls verspüren in Kampfhaltung zu gehen noch die Beine in die Hände zu nehmen und zu türmen. Wenn die Angst geheilt würde, wäre das in jedem Fall die beste Lösung. Und genau darum können wir bitten.

Zum besseren Verständnis hier noch ein, zwei Beispiele: Wie oft beten wir für uns (oder andere) um Gesundheit – darum, gesund zu werden und gesund zu bleiben? Und was steckt wirklich dahinter? Das ist natürlich die Angst, krank zu werden und womöglich unter einer Krankheit lange leiden und dabei Schmerzen aushalten zu müssen. Und so wäre es doch nur logisch und natürlich auch vom Gefühl her ratsam, für die Heilung genau dieser Angst zu beten. Das könnte mit den folgenden Worten geschehen:

Liebe ....,

bitte heilt all meine Ängste bezüglich meiner Gesundheit.

Danke. Amen.

Lasse dieses kurze Gebet einmal auf dich wirken ... Fühlt es sich stimmig an? Ein anderes Problem in deinem Leben könnte sein, dass du dir sehnlichst wünschst, ausreichend finanzielle Mittel zu haben, um deinen Verpflichtungen nachkommen zu können, und das zu jeder Zeit. Also betest du in der Regel:

Lieber ....,
bitte hilf mir, immer genügend finanzielle Mittel zu haben.
Danke. Amen.

Doch was steckt hinter diesem Anliegen? Es ist wieder einmal die Angst. Die Furcht, nicht genug zu haben, für mich und meine Lieben nicht gut sorgen zu können. Besser wäre es auch hier sicherlich, um für die Heilung genau dieser Angst zu beten. Das mag folgendermaßen klingen:

Liebe ....,
bitte heilt all meine Ängste bezüglich meiner Finanzen …
Danke. Amen.

Auf diese Art und Weise kannst du auch deine Gebete umformulieren und schauen, wie es dir damit geht, wie sich das für dich anfühlt. Finde deine eigene Formulierung und: Achte auf Veränderungen, die anschließend geschehen, wenn auch möglicherweise erst einige Zeit später.

Ängste tun uns nicht gut und auch für sie gilt das kosmische Gesetz: „Gleiches zieht Gleiches an." Ängste können also weitere Ängste anziehen und das kann schlimmstenfalls Chaos in unserem Leben anrichten. Bitte um Heilung deiner Ängste: Du wirst erfahren, dass dies wirkt. Wenn du dich mehr mit diesem Thema befassten möchtest, kann ich dir das Buch *Sieben kleine Worte* von Debra Landwehr Engle empfehlen (siehe unter „Literatur- und CD-Empfehlungen", Seite 115 ff.).

Du siehst, wie wir hier die verschiedenen Möglichkeiten des Betens langsam erarbeiten. Bitte vergiss nie, dass nicht alles für jeden passend ist. Du lernst hier verschiedene Möglichkeiten kennen, und allein du selbst entscheidest, was, wie oft und in welcher Kombination du betest.

Gebete für andere

Es ist wunderschön, für andere zu beten. Und wenn man Mutter oder Vater ist, was liegt da näher, als für die eigenen Kinder zu beten. Du kannst ganz bestimmte Dinge für dein Umfeld, einen lieben Menschen oder eine bevorstehende Situation erbitten. Hier ein Beispiel:

Lieber ....,
bitte hilf ...., die richtige Arbeit zu finden,
bei der sie/er glücklich und auf allen Ebenen zufrieden ist.
Danke. Amen.

Für Situationen zu beten, die auf dich und jemand anderen zukommen, das ist ebenfalls eine wunderbare Sache. Auch hier ein Beispiel: Nehmen wir an, du hast morgen ein wichtiges Gespräch mit deinem Chef. Das passende Gebet könnte das folgende sein:

Lieber Gott, liebe geistige Welt, alle meine Engel,
ich bitte Euch von ganzem Herzen, bei dem Gespräch mit
Herrn/Frau .... morgen für gute Energien zu sorgen und
für mich die Möglichkeit zu schaffen, dass ich mich klar

und verständlich ausdrücken kann! Gern möchte ich ....

erreichen, wenn es zugelassen und für alle Beteiligten in

Ordnung ist. Bitte helft mir dabei …

Danke. Amen.

Du siehst, wie einfach du deine Wünsche in verständliche und einfache Worte verpacken kannst. Lass deine Gedanken einfach fließen und du wirst die richtigen Worte finden. Du solltest aber nicht vergessen, danke zu sagen.

Gebete vor dem Essen

In meinem Elternhaus war es nicht üblich, vor den Mahlzeiten zu beten. Ich kannte dieses Ritual lange Zeit nicht. Nachbarn von uns gehörten einer religiösen Vereinigung an, in der es üblich war, vor jedem Essen ein langes Gebet zu sprechen. Als ich zum ersten Mal zum Essen eingeladen war – ein Familienmitglied war mein Freund –, bekam ich das Vor-dem-Essen-Beten hautnah mit. Alle falteten die Hände und schlossen die Augen. Das Familienoberhaupt, also der Vater meines damaligen Schulfreundes, sagte: „Jürgen, du musst hier nicht beten, wenn du nicht willst!" Ich betete nicht, beobachtete das Geschehen aber sehr aufmerksam. Der Vater sprach das Gebet, das für mich als Kind nahezu endlos zu sein schien, denn das Essen stand bereits auf dem Tisch und mein Magen knurrte. Mit „Amen" schloss er das Gebet, alle öffneten die Augen und es begann ein reges Treiben am Tisch: Jeder nahm sich etwas zu essen und man unterhielt sich.

Meine erste Erfahrung mit dem Gebet vor dem Essen damals war für mich wirklich befremdlich ... Lange Zeit habe ich das abgelehnt. Doch mittlerweile bete ich ab und zu vor dem Essen. Warum ab und zu? Ich lehne dogmatische Verhaltensweisen ab. Und ich denke, wenn ich vor dem Essen wirklich das Bedürfnis habe zu beten, dann ist auch der richtige Zeitpunkt, ein Gebet zu sprechen oder Gott bzw. der geistigen Welt einfach einmal danke zu sagen. In unseren Breiten ist es viel zu selbstverständlich, dass wir immer und alles auf dem Tisch haben, was wir uns wünschen – selbst Unsinniges wie Erdbeeren im Dezember oder Mandarinen im Juli. Mit dem nötigen Kleingeld ist nahezu alles in fast jeder Jahreszeit zu bekommen. Und wir machen uns immer weniger Gedanken darüber. Mit einem Gebet werden wir uns der Gaben auf unserem Tisch bewusst.

Ein klassisches Kurz-Tischgebet ist zum Beispiel das folgende:

Komm, Herr Jesus,

sei unser Gast und segne,

was Du uns bescheret hast.

Amen.

Oder:

Jedes Tierlein hat zu essen,

jedes Bäumlein trinkt von dir.

Hast auch uns heut nicht vergessen,

lieber Gott, wir danken Dir.

Amen.

Wenn ich ein Tischgebet spreche oder, besser gesagt, denke, dann hört sich das in etwa so an:

Lieber Gott, all meine geistigen Helfer,

ich weiß, dass nicht alle Menschen auf dieser Erde

ausreichend zu essen haben. Bitte helft diesen Menschen,

stets satt zu werden und nahrhafte Lebensmittel

zu bekommen. Ich danke Euch für unsere/meine Mahlzeit.

Möge unser/mein Körper alle Nährstoffe aus diesem

Essen entnehmen können,

um ein gesundes und frohes Leben zu genießen.

Ich danke Euch von ganzem Herzen.

Amen.

Finde deine eigenen Worte, um deine Dankbarkeit zum Ausdruck zu bringen und an andere zu denken, indem du für sie bittest, dass sie niemals hungern mögen. Es ist ein schönes Gefühl, diese Gedanken vor dem Essen in Worte zu fassen. Versuche es einmal und spüre diesen Worten mit geöffnetem Herzen nach.

Wichtige Antworten auf häufig gestellte Fragen zum Thema „Beten"

Was ist der Unterschied zwischen „beten" und „bitten"?
Etymologisch leitet sich unser Wort „beten" von *bitten* ab. Das Althochdeutsche *beta* bedeutet „Bitte", die Ableitung *beton* wurde schon im Mittelhochdeutschen zu *beten*. Für mich besteht zwischen „beten" und „bitten" heute jedoch ein kleiner, aber feiner Unterschied, der sich ganz einfach erklären lässt: „Bitten" ist eine Anfrage, die man an etwas oder jemanden richtet, um etwas zu erhalten, etwas zu bekommen, was man gerade dringend braucht oder einfach gern haben möchte. Man braucht weder zu laut zu werden noch zu weinen oder sich eines ungewöhnlichen Rituales zu bedienen. Gott hört einen und er schlägt Bitten niemals ab. Und das gilt auch für alle anderen himmlischen Wesen. „Beten" hingegen bedeutet, dass man Gott und einem oder mehreren himmlischen Wesen gegenüber ausspricht, was man gerade auf dem Herzen hat, was man sich wünscht, worum man bittet. In dieser Unterhaltung, dem Gebet, spricht man mit der geistigen Welt so wie mit einem

Menschen hier auf der Erde – respektvoll und mit Hoch-achtung. Du siehst: Der Unterschied zwischen einer Bitte und einem Gebet ist nicht allzu groß, aber ein deutlicher.

Wann kann ich beten?

Wann er betet, das bleibt jedem selbst überlassen. Ich habe es mir zur Gewohnheit gemacht, meine Gebete morgens nach dem Aufstehen zu sprechen, wenn ich auch meine anderen Rituale ausführe. So weiß ich, dass ich alles nach „oben" geschickt habe, was mir für diesen Tag sehr wichtig ist. Abends bedanke ich mich für diesen Tag und schicke aus meinem geöffneten Herzzentrum liebevolle Energie, die ich gedanklich in die Farbe Rosa getaucht habe, zurück in die geistige Welt. Mir ist es ein Anliegen, der geistigen Welt etwas zurückzugeben. Das ist ein wunderbares Gefühl und schwingt mich ein in den nächtlichen Zustand der Ruhe. Aber das ist meine Version, das sind meine Zeiten, zu denen ich bete oder mich bedanke. Natürlich kannst du für dich ganz andere Zeiten wählen. Ich kenne viele Menschen, die abends vor dem Einschlafen beten. Wieder andere beten einfach zwischendurch, wenn es ihnen gerade einfällt. Alles ist möglich. Wähle deine eigene Zeit. Ich persönlich mag geistige Aktivitäten ohne viel Aufwand. Das bedeutet: Egal wo ich mich aufhalte, egal wie die Zeiger auf der Uhr stehen, ich bete einfach. Es gibt Menschen, die sich sehr aufwendig auf ein Gebet vorbereiten: Sie zünden eine Kerze an, tauchen den Raum so in ein angenehmes Licht, legen eine leise, angenehme Hintergrundmusik auf. Den Raum und die Atmosphäre bereitet jeder so vor, wie er möchte. Auch hier gibt es kein Richtig oder Falsch. Gehe einfach in dich und stelle für dich fest, wie sich das Beten für dich am schönsten und am intensivsten anfühlt. Diese Art ist dann die für dich passende. Wichtig ist, dass du dir keinen Stress machst und ausreichend Zeit für dein kleines Ritual hast. Manchmal – zugegeben sehr selten – kommt es vor, dass ich einfach keine Zeit habe oder Unvorhersehbares geschieht. Dann wende ich einen Trick an, der für mich „einmal" in Ordnung ist, der sich jedoch niemals als Dauerzustand einschleichen soll und wird. Dann nämlich, wenn keine Zeit ist oder ich mich aus irgendwelchen Gründen nicht wie gewohnt meinen Gebeten widmen kann, sage ich einfach Folgendes in die geistige Welt hinein:

Liebe ....,

bitte nehmt mein Gebet von gestern,

so, als hätte ich es jetzt gesprochen.

Bitte habt Verständnis dafür.

Danke. Amen.

Auch das funktioniert. Viele Menschen beten nicht regelmäßig, sondern einfach nur dann, wenn irgendetwas ansteht, wenn etwas geschehen ist, wofür sie Hilfe erbeten. Selbstverständlich ist auch das in Ordnung. So habe ich es früher auch gemacht. Entscheide du selbst, wann, wo und wie du betest. Hauptsache ist: Du tust es überhaupt!

Wie kann ich beten?

Ich erwähnte ja bereits, dass mir Dogmatismus generell zuwider ist, denn es gibt nur eine Person, die entscheiden kann, wie sie beten möchte: du. Wenn es dir guttut, vor dem Bett zu knien, während du betest, dann ist das genauso in Ordnung, als wenn du ein Gebet bei einem langen, einsamen Waldspaziergang sprichst oder abends vor dem Einschlafen im Bett, wenn rundherum Ruhe eingekehrt ist, im Liegen. Mache dir keinen Stress, bete einfach, wann und wie du das möchtest. Ein Gebet besteht in der Regel aus einer Anrede, einem Hauptteil, einem Dankeschön und wird mit dem Wort „Amen" abgeschlossen, das ja, wie bereits erwähnt, „So sei es" bedeutet. Wie genau du diese Bestandteile gestaltest, das bleibt allein dir überlassen. Für mich ist das, was zählt, dass ich Gebete mit Respekt und Achtung verfasse. Selbst die Sprache spielt beim Gebet keine Rolle. Ob du nun in Englisch, Französisch oder gar auf Chinesisch beten möchtest oder einen Dialekt bevorzugst, das ist völlig gleichgültig. Die Energie der Worte kommt in jedem Fall klar beim Adressaten an. Einen wichtigen Punkt solltest du jedoch beachten: Formuliere niemals ein Gebet, das eine manipulierende Absicht hat. Es steht uns als Menschen auf dieser Erde nicht zu, auf andere unserem Weltbild gemäß Einfluss zu nehmen, und das womöglich noch aus purem Eigennutz. Das Gleiche gilt auch, wenn es um negative Wünsche oder Bitten für andere geht. Wünsche, die für andere Schlechtes bringen sollen, werden auf einen selbst zurückfallen. Formuliere Gebete also stets positiv und immer zum höchsten und besten Wohle aller Beteiligten.

An wen richte ich mein Gebet?

Auch an wen du dich wendest mit deinem Gebet, das bleibt allein dir überlassen. Wir hier in Mitteleuropa sind vorwiegend christlich sozialisiert. So liegt es sehr nahe, dass wir direkt Gott ansprechen. Schwieriger wird es, wenn du mit dem Wort „Gott" nicht allzu viel am Hut hast. Weil du vielleicht einen anderen Glauben lebst oder generell nichts von Religionen hältst. In diesem Fall spricht nichts dagegen, zur Schöpfung, zur Schöpfungskraft, zum Universum ... zu beten. Ansonsten kannst du natürlich alle geistigen Wesenheiten in dein Gebet mit einbeziehen, die du kennst. Selbst wenn du den Erzengel, der für Schutz zuständig ist, nicht beim Namen nennen kannst, ist das kein Problem: Bete zu allen Engeln und bitte genau denjenigen, der Schutz schenkt, dir jetzt zu helfen und dein Gebet zu erhören. Dein Gebet kannst du natürlich auch an die Aufgestiegenen Meister richten. Du kannst genauso gut zu deinen Ahnen beten, wenn du das Gefühl hast, dass diese Seelen immer in deiner Nähe sind und dich nicht aus den Augen lassen. Du siehst: Es gibt so viele Möglichkeiten, und allein du entscheidest, zu wem du betest. Ich spreche in meinen Gebeten unterschiedliche Wesen an, die auf verschiedenen Ebenen zu Hause sind. Finde heraus, was für dich richtig und gerade passend ist. Spüre in dein geöffnetes Herzzentrum hinein, dann wirst du am schnellsten wissen, welche Worte die richtigen sind.

Gebete für verschiedenste Anliegen

Die Adressaten kannst du in jede für dich passende Version ändern. Ändere diese in deine für dich passende Version. Wenn du allein Gott ansprechen möchtest, ist das in Ordnung. Soll sich Erzengel Raphael um Heilung kümmern, so liegt das ebenfalls in deinem Ermessen. Sieh diese Gebete als inniges und gefühlvolles Gespräch mit der geistigen Welt, mit Gott, wie immer du sie/ihn auch nennst.

Natürlich kannst du jedes Gebet auch umformulieren, so wie es für dich stimmt und richtig ist. Wenn du zuvor dein Herzzentrum geöffnet hast (siehe Seite 23 ff.), wirst du sofort spüren, welche Energien diese Gebete freisetzen. Experimentiere ruhig ein wenig, und sei dir sicher, dass deine Gebete immer gehört werden.

Gebet für Weltfrieden

Lieber Gott im Himmel, liebe Schöpfung und

meine lieben geistigen Helfer/Engel,

ich bin besorgt um den Frieden und die Sicherheit

in unserer Welt/auf unserem Planeten.

Bitte sendet reine Liebe und Heilung in alle Krisen- und

Kriegsgebiete. Bitte heilt die Gedanken der Menschen,

die auf Zerstörung, Leid und Not fokussiert sind. Bitte

gebt den Menschen, den Lebewesen Kraft, die unter Krieg,

Terror und Zerstörung Leid und Verlust erfahren haben.

Bitte sorgt für ein achtsames und liebevolles Miteinander

auf unserer Welt. Möge das Leben hier schön, glücklich

und zufrieden verlaufen, für alle Menschen dieser Erde,

für alle Lebewesen dieser Erde.

Ich danke Euch von ganzem Herzen.

Amen.

Gebet für die Natur

Lieber Gott,

mein Anliegen ist es, unsere Natur zu schützen und sie
zu heilen, sie von extremen Belastungen zu befreien.
Möge allen Menschen klar sein, dass diese eine Erde unser
Zuhause ist. Ich bitte Dich daher um Schutz für unseren
Planeten. Schütze die Felder, die Wiesen und Wälder,
die Seen, Flüsse und Meere vor allen schädlichen Einflüssen.
Und bitte hilf, dass die geschädigten Gebiete unserer Natur,
die bereits in Mitleidenschaft gezogenen Landstriche,
Heilung erfahren. Hilf, dass unsere Meere, Seen und Flüsse
wieder klar und rein sind, damit Leben dort wieder
gesunden kann. Die Menschen, die unsere Natur verderben
und belasten, mögen Heilung in ihren Gedanken und
Handlungen erfahren, damit mehr Achtsamkeit und
Rücksicht geschehen kann.
Lieber Gott, ich danke Dir von ganzem Herzen.
Amen.

Gebet für die Tiere

Lieber Gott und alle geistigen Helfer,

ich kann beobachten, wie die wild lebenden Tiere leiden.

Sie haben immer weniger Raum und können sich nicht

richtig ausbreiten und in Frieden leben. Ich bitte Euch

daher von ganzem Herzen, allen Tieren, die in freier Natur

leben, den nötigen Raum zu geben und sie gesundes Futter

und Wasser finden zu lassen. Auch die Tiere in unseren

Gewässern, vom kleinsten Bach bis hin zum Ozean, mögen

zufrieden leben können. Bitte schütze alle Tiere und gib

ihnen Kraft, Gesundheit und Stärke. Auch den Tieren,

die durch uns Menschen in Gefangenschaft leben müssen,

bitte ich liebevolle Energien zu schicken.

Ich danke Euch von ganzem Herzen.

Amen.

Gebet für Heilung

Lieber Erzengel Raphael mit all Deinen Helfern

und all den Wesen in der geistigen Welt,

die sich mit Heilung gut auskennen,

ich bitte Euch um Heilung für .... Bitte lasst .... die Ursache

für diese Krankheit bewusst werden, sende ihr/ihm

Impulse, die sie/er klar verstehen kann. Bitte sorgt dafür,

dass die Schmerzen nachlassen, damit sie/er wieder ein

glückliches und wunderbares Leben führen kann.

Bitte heilt alle Symptome bei .... und helft intensiv,

dass die Ursache erkannt und beseitigt wird. Bitte,

Erzengel Raphael, sende Deine grünen Heilungsstrahl

direkt zu ...., um die Selbstheilungsprozesse

anzustoßen und zu stärken.

Ich danke Euch allen.

Amen.

Gebet für Mutter Erde

Lieber Gott im Himmel / Heiliger Vater / liebe Schöpfung,

ich wende mich heute an Dich, um Heilung für die

wunderbare Erde, diesen einzigartigen Planeten,

zu erbitten. Bitte schicke unserer Erde Heilung auf allen

Ebenen. Und ich bitte Dich, schicke all den Lebewesen,

die für die Belastungen verantwortlich sind, frische

und klare Gedanken. Schicke ihnen Alternativen,

die unserer Erde nicht schaden und die sie langsam wieder

gesunden lassen. Bitte gib allen Menschen das Bewusstsein,

dass die Erde unsere Heimat ist und gepflegt werden sollte.

Ich danke Dir von ganzem Herzen.

Amen.

Gebet für die Seelen dieser Welt

Ich bitte alle Engel, alle geistigen Helfer und
das Göttliche in Allem,
schenkt allen Seelen dieser Welt Gesundheit, Heilung,
Wohlstand und Reichtum, Glück und Zufriedenheit.
Bitte schenkt allen Seelen, die nicht mehr auf dieser Erde
weilen, Liebe und Zufriedenheit und einen einfachen Weg
auf der Ebene, wo sie nun zu Hause sind. Mögen sich alle
Seelen in ihrer Zeit entwickeln und jede ihren ganz eigenen
Weg finden, ganz und heil zu werden, zu lernen und die
Liebe rein und klar in die Welt strahlen zu lassen.
Bitte gebt allen Seelen die Kraft, ihre Aufgaben mit
Leichtigkeit, Mut, Kraft und Liebe zu meistern. Ganz
besonders bitte ich für .... um alles erdenklich Gute
und einen klaren Weg mit ebensolchem Ziel. Gib allen
die Kraft, in Liebe in unserer Gesellschaft leben
und wirken zu können.
Ich danke Euch von ganzem Herzen und schicke Euch di-
rekt aus meinem Herzen reine Liebe.
Amen.

Gebet für Achtsamkeit

Lieber Gott, all meine geistigen Helfer,

ich bitte Euch von ganzem Herzen um mehr Achtsamkeit.

Lasst die Gabe, Achtsamkeit zu leben, mehr und mehr

in mir erwachen. Gebt allen Menschen dieser Erde die

Möglichkeit, Achtsamkeit zu erkennen und diese in ihr

Leben zu integrieren. Achtsamkeit, achtsamer Umgang mit-

einander, mit allen anderen Lebewesen, allem anderen.

Bitte gebt uns die Fähigkeit, achtsam mit allem umzugehen,

was uns umgibt. Bitte lasst die Achtsamkeit in jedem sanft

erblühen und lebbar sein.

Ich danke Dir, lieber Gott, und all meinen geistigen Helfern

danke ich ebenfalls von ganzem Herzen.

Amen.

Gebet für Liebe

Ihr lieben Helfer in der geistigen Welt, liebe Schöpfung,
ich weiß, Liebe ist die stärkste Kraft im Universum.
Ich weiß, Liebe ist allgegenwärtig, wenn sie zugelassen wird.
Ich weiß, dass man mit Liebe alles erreichen kann. Ich weiß,
Liebe ist das Größte, was wir Menschen fühlen können.
Ich weiß, Liebe gibt uns immer wieder neue Kraft und
neuen Mut. Ich weiß, dass die Liebe in unserer Welt noch
mehr erwachen sollte. Und genau darum bitte ich Euch
von Herzen. Lasst die reine Liebe in den Herzen der
Menschen erwachen. Lasst die Liebe zu anderen Menschen,
zu Tieren, zu Pflanzen, zu den kleinen Dingen, zu allem
stärker und bewusster werden. Mögen alle Lebewesen
dieser Welt in ihren Herzen mehr und mehr Liebe spüren,
die auch ihre Handlungen in Liebe eintaucht. Bitte sendet
nun reine göttliche Liebe in alle Herzen dieser Welt.
Ich danke Euch in Liebe.
Amen.

Gebet für unsere Kinder

Lieber Gott, all meine himmlischen Wesen,
ich möchte für unsere Kinder, für die Kinder dieser Welt
beten. Bitte schenkt meinen Kindern, allen Kindern dieser
Welt Leichtigkeit, Liebe, Zufriedenheit und Gesundheit.
Mögen alle Kinder einer wunderbaren und sorgenfreien
Zukunft entgegenblicken. Mögen alle Kinder erkennen, dass
die Welt aus so viel mehr als PCs und Handys besteht.
Mögen sie erkennen, dass zwischenmenschliche
Beziehungen und die Liebe sehr wichtig in unserem Leben sind.
Bitte lasst in all die kleinen Köpfe und Herzen dieser Welt
diese Erkenntnis hineinfließen. Lasst die Menschen spüren,
was wirklich wichtig im Leben ist, und helft ihnen, danach
zu handeln. Helft ihnen, in unserer kopflastigen Gesell-
schaft leicht zurechtzukommen und mehr Gefühl und
Liebe in sie hineinbringen zu können. Die Kinder dieser
Welt, es sind besondere Kinder, sie sind anders
als die Kinder vor ein paar Jahrzehnten. Gebt ihnen die Kraft,
hier in Zufriedenheit und absoluter Liebe leben zu können.
Ich danke Euch von ganzem Herzen.
Amen.

Gebet für unsere Ahnen

Lieber Gott, liebe Schöpfung, lieber Heiliger Geist,
ich danke all meinen Vorfahren, dass ich auf dieser Welt
sein darf und dieses Leben leben kann, dass mir geschenkt
wurde. Ich danke ihnen für all die Dinge, die Gedanken,
Gefühle, die sie mir bewusst oder unbewusst auf meinen
Lebensweg mitgegeben haben. Ich danke ihnen, dass sie an
meinem Leben direkt oder indirekt teilhatten. Danke.
Und ich erbitte für sie absoluten Frieden, im Innen
und im Außen. Egal, ob sie noch auf dieser Ebene sind
oder schon auf einer anderen. Bitte lieber Gott, liebe
Schöpfung, lieber Heiliger Geist, schickt all meinen Ahnen
Göttliche Liebe und reines Licht. Mögen all meine Ahnen
inneren Frieden finden und voller Freude ihren Weg gehen,
egal auf welcher Ebene.
Ich danke Euch von Herzen dafür.
Amen.

Gebet für Wohlstand und Reichtum

Ihr lieben geistigen Helfer,

seit langer, langer Zeit lebe ich mit so wenig Geld. Ihr wisst um meine Situation, ihr wisst um den Verzicht und die Not, die ich dadurch in meinem Leben tragen muss. Ihr wisst, wie sehr ich im Wohlstand leben möchte, und das gilt auch für meine Lieben. Ich weiß, dass ich irgendetwas in meinem Leben lernen oder erkennen soll, um Wohlstand und inneren und äußeren Reichtum erfahren zu dürfen in diesem Leben. Bitte schickt mir Gedanken und Gefühle, die mich unterstützen, zu sehen, was ich erkennen soll. Ich werde aufmerksam hinhören und hinfühlen. Bitte helft mir, diesen Verzicht und das Leben in Armut in Reichtum und Wohlstand umzuwandeln. Bitte helft mir,

ich bin jetzt bereit dafür.

Ich danke Euch von ganzem Herzen für Eure Hilfe.

Amen.

Gebet für Erfolg

Lieber Gott im Himmel, meine lieben Engel,

ich merke, dass meine Handlungen, Ideen und Vorhaben oft

nicht von Erfolg gekrönt sind. Bitte helft mir dabei, zu er-

kennen, welche Fehler ich mache. Welche Fehler ich immer

wieder mache. Bitte helft mir, Erfolg in meinem Leben zu

erfahren. Bitte lasst den Erfolg in mein Leben hineinfließen.

Ich bin bereit für Erfolg und kann mit allem, was daraus

folgt, gut umgehen. Bitte helft mir ganz besonders, dass ich

bei meinem Vorhaben .... Erfolg habe. Ich habe alles in die

richtigen Bahnen gelenkt, jetzt ist es an der Zeit, erfolgreich,

reich an Erfolg, zu sein. Bitte unterstützt mich dabei. Bitte

unterstützt meinen Erfolg ab jetzt und für meine Zukunft.

Ich danke Euch von ganzem Herzen dafür.

Amen.

Gebet für unsere Partnerschaft

Liebe Engel, all meine geistigen Helfer,

in meiner Partnerschaft mit .... ist vieles Gewohnheit

geworden. Liebe ist zwar noch da, jedoch stark in den

hintersten Zipfel meines Herzens gewandert. Bitte helft mir,

die Liebe zu .... wieder hervorzuholen. Bitte helft mir,

die Liebe zu .... wieder zu fühlen und klar einordnen

zu können. Und bitte helft mir, ... meine tiefen Gefühle

klar spüren zu lassen. Ich möchte, dass meine Partnerschaft

mit .... wieder neu erblüht und mit reiner Liebe gelebt

werden kann. Bitte helft mir und ...., dass wir die Liebe

spüren, ausdrücken und leben können, dass wir eine

Partnerschaft führen können, die sich klar anfühlt

und mit reiner Liebe gelebt werden darf.

Ich bin bereit für die Liebe, bitte helft mir.

Ich danke Euch von ganzem Herzen.

Amen.

Ein Morgengebet

Lieber Gott, meine lieben Engel und geistigen Helfer,
ich danke Euch für die ruhige und erholsame Nacht, den
tiefen Schlaf und die Regeneration. Danke. Ich bitte Euch
von Herzen, helft mir, diesen Tag mit unendlich viel
Leichtigkeit, mit ausgelassener Freude, kraftvollem Handeln
und liebevollem Miteinander zu begehen. Mögen alle meine
Vorhaben von Erfolg gekrönt sein. Zu meinen
Mitmenschen, mit denen ich heute Kontakt haben werde,
bitte ich, positive und liebevolle Energie fließen zu lassen.
Helft allen Menschen dieser Welt, das zu erreichen, was sie
sich wünschen, zum höchsten und besten Wohle aller.
Bitte helft, dass sich die reine Liebe auf unserem Planeten
mehr und mehr ausbreitet. Streit und Ärger bitte ich,
durch Klarheit im Keim zu ersticken und die passenden
Energien für annehmbare Lösungen zu senden.
Ich danke Euch allen von ganzem Herzen.
Amen.

Gebet für den Tag

Alle meine geistigen Helfer, liebe Schöpfung,

ich bitte für diesen Tag um Schutz in allen Situationen,

Kraft und Stärke, Liebe in meinem und dem Herzen

anderer, Achtsamkeit, Freude und Fröhlichkeit,

eine liebevolle Kommunikation, wunderbare Erlebnisse,

sinnvolle Kontakte, Leichtigkeit, segensreiche Begegnungen,

harmonische Stunden, das richtige Verhältnis von Arbeit

und Freizeit, Harmonie im Innen und Außen.

Ich bitte für mich und mein Umfeld

um einen einzigartigen und positiven Tag.

Ich danke Euch reinen Herzens und schicke Euch

gedanklich aus meinem Herzen einen Strahl der Liebe.

Amen.

Gebet für Flüchtlinge

Liebe Schöpfung, liebe Engel und geistigen Helfer,
viel Leid gibt es auf dieser Welt. Bitte schützt die Menschen,
die nicht in ihrer Heimat bleiben können und sich auf den
Weg machen in ein anderes Land, in eine ungewisse
Zukunft. Bitte nehmt diese Männer, Frauen und Kinder
an der Hand und führt sie einen leichten Weg hinaus aus
Angst, Krieg und Verderben hinein in eine neue Zukunft
mit neuen Möglichkeiten und Perspektiven. Bitte sorgt
dafür, dass diese Menschen immer genügend zu essen
haben, sich wohl und geborgen fühlen. Bitte helft diesen
Menschen, unterstützt sie an ihrer Weggabelung,
schenkt ihnen Liebe. Bitte helft, die Kriege in den
betroffenen Ländern zu beenden. Lasst Frieden sich in diesen Ländern ausbreiten, damit die Menschen, die heute
fliehen müssen, die Möglichkeit haben, in ihre Länder
zurückzukehren, wenn sie das möchten.
Ich danke Euch von ganzem Herzen.
Amen.

Gebet am Abend

Lieber Gott/liebe Schöpfung,

ein weiterer Tag ist vorüber. Ich danke Dir für alle

Erfahrungen, die ich heute machen durfte. Ich danke Dir

für alle Begegnungen, die ich heute haben durfte.

Ich danke Dir für alle Gespräche, die ich heute führen

durfte. Ich danke Dir für diesen Tag mit all seinen

verschiedenen Facetten. Danke. Bitte behüte mich

in dieser Nacht, schütze mich und lasse mich einen

erholsamen und tiefen Schlaf finden. Bitte schütze auch

meine Lieben und beschere auch ihnen eine ruhige Nacht.

Mit neuer Kraft werde ich mit Deiner Unterstützung

und Führung morgen in einen neuen Tag starten.

Ich danke Dir.

Amen.

Gebet für Neugeborene

Lieber Gott, liebe Engel, liebe Aufgestiegenen Meister,
liebe Schöpfung,

.... ist geboren. Sie/Er hat das Licht der Welt erblickt
und hat sich nun mit all ihren/seinen Aufgaben und Zielen
in dieser Welt inkarniert. Bitte schenkt diesem kleinen
Wesen die reine Liebe, umhüllt es mit Liebe und füllt sein
Herz mit reiner Liebe, die allgegenwärtig ist. Möge es seinen
Weg auf dieser Erde in dieser Familie mit Leichtigkeit und
Freude gehen. Möge es all seine Ziele schnell erreichen.
Möge es vor Gesundheit strahlen. Bitte helft ihm, dass all
das Realität werden kann. Und ich bitte für ....
um Schutz auf all ihren/seinen Wegen. Schutz für
ihren/seinen Körper, ihren/seinen Geist und
ihre/seine Seele, für alle Zeit.
Ich danke Euch aus tiefstem Herzen.
Amen.

Gebet für Sterbende

Liebe Schöpfung, lieber Gott, ihr Engel,
.... ist an der Schwelle des Übergangs. Du, lieber Gott,
rufst diese Seele zu Dir nach Hause. Du führst diese Seele
wieder in die geistige Welt, damit sie dort weiterhin
Erfahrungen sammeln kann. Ich bitte Euch, nehmt den
Schmerz und das Leid von .... Bitte helft ihm, loslassen
zu können und sanft diese Welt zu verlassen, wenn die
Zeit gekommen ist. Bitte nehmt .... an der Hand, führt ihn,
schützt ihn und lasst ihn erkennen, dass dieser Weg jetzt
genau der richtige ist, zur richtigen Zeit. Bitte nehmt
all den Schmerz von den Angehörigen, lasst sie die Zeit
der Trauer gut überstehen. Bitte gebt diesen Menschen
Kraft und die Gewissheit, dass es weitergehen wird,
damit sie leicht mit dem Verlust und der Lücke, die
entstehen wird, umgehen können. Bitte hüllt alle Beteiligten
in reine Liebe ein und seid an ihrer Seite
in den Stunden des Abschieds.
Ich danke Euch von ganzem Herzen.
Amen.

Gebete an die Engel

Engel sind allgegenwärtig und immer bereit, uns hilfreich zur Seite zu stehen. Mit ihnen zu kommunizieren ist eine wunderbare Erfahrung. Da die Schwingung unserer Erde sich ständig erhöht, fällt es uns immer leichter, zu den Ebenen der Engel, der geistigen Welt, Kontakt aufzunehmen. Das geht ganz einfach beim Beten.

Einige Vorschläge für Gebete an die Engelwesen findest du auf den folgenden Seiten. Wandle sie ab – verwende deine eigenen Worte und schneide die Texte auf dein ganz persönliches Thema zu. Bete, spüre die Leichtigkeit und irgendwann wirst du zurückdenken und feststellen: „Ja, ich habe Hilfe erhalten. Danke."

Gebet an den Schutzengel

Mein lieber Schutzengel,

ich bitte Dich um Schutz für den heutigen Tag,

für all die Situationen, die heute auf mich zukommen werden.

Bitte halte alles Negative von mir fern und lasse es mich

dennoch erkennen. Bitte achte darauf, dass ich stets außer

Gefahr bin und mit Leichtigkeit durch den Tag gehen kann.

Bitte schütze meinen Körper, meinen Geist und meine

Seele. Und ich bitte Dich um Schutz für meine Lieben.

Wenn Du hier nicht eingreifen kannst, dann gib diese Bitte

doch an die zuständigen Schutzengel weiter.

Bitte schütze mein Zuhause, mein Umfeld.

Ich danke Dir von ganzem Herzen.

Amen.

Gebet an Erzengel Raphael
für Heilung

Lieber Erzengel Raphael,

ich bitte Dich zu mir, weil ich Heilung benötige. Ich brauche
Deine Hilfe und Deine Energien. Bitte heile meinen Körper,
meinen Geist und meine Seele. Lass bitte Deine heilenden
Energien genau in die Stellen hineinströmen, die Heilung
erfahren sollen. Bitte lasse Deinen heilenden grünen Strahl
direkt in meine Aura fließen, um mein ganzes System mit
Heilenergie zu versorgen. Ich danke Dir dafür. Bitte
heile .... von seinen Schmerzen, bitte lasse auch hier Heilenergie fließen und hilf, dass ihr/ihm bewusst wird, wo die
Ursachen für die Schmerzen liegen, damit sie/er die
Ursache auflösen kann. Ich danke Dir dafür. Und noch eine
letzte Bitte: Bitte heile das Verhältnis zwischen .... und ....
Bitte lass die beiden erkennen, dass der Ärger zu nichts
führt, und heile ihre aufgebrachten Gemüter.

Ich danke Dir von Herzen dafür.

Amen.

Gebet an Erzengel Gabriel
für Neubeginn

Lieber Erzengel Gabriel,

ich bitte Dich zu mir und um Hilfe mit Deinen klaren

Energien. Ich stehe an einer Weggabelung und habe eine

wichtige Entscheidung zu treffen. Es steht ein Neubeginn

an, bitte hilf mir, die richtigen Entscheidungen zu treffen,

und begleite mich bei meinem neuen Vorhaben.

Bitte lasse Deine klaren Energien in mein ganzes

Energiesystem hineinfließen. Bitte mache mich darauf

aufmerksam, wenn ich dennoch zu einer falschen

Entscheidung neige. Bitte gib mir die Kraft, das Wissen

und die Fähigkeit, das Neue in meinem Leben zu begrüßen

und in mein Leben zu integrieren.

Ich bin bereit, das Neue in mein Leben zu lassen,

bitte hilf mir dabei, es umzusetzen.

Ich danke Dir von ganzem Herzen.

Amen.

Gebet an Erzengel Metatron für Schwingungserhöhung

Lieber Erzengel Metatron,

ich bitte Dich nun zu mir mit deiner Kraft und Stärke

und mit Deiner unendlichen Liebe und Fürsorge.

Ich spüre immer mehr, wie ich sensibler und feinfühliger

werde. Ich spüre, wie sich die Schwingung unserer Erde

unentwegt erhöht. Ich spüre die feinen Energien zwischen

Himmel und Erde immer deutlicher in meinem Leben.

Ich bitte Dich, mir zu helfen, mit diesen neuen, höheren

Energien besser umgehen zu können und diese in mein

Leben zu integrieren. Bitte hilf mir, mit Deiner Kraft

mit der Erhöhung aller Schwingungen besser umzugehen –

körperlich, geistig und seelisch.

Ich danke Dir für Deine Unterstützung, Deine Fürsorge

und Deine Hilfe.

Amen.

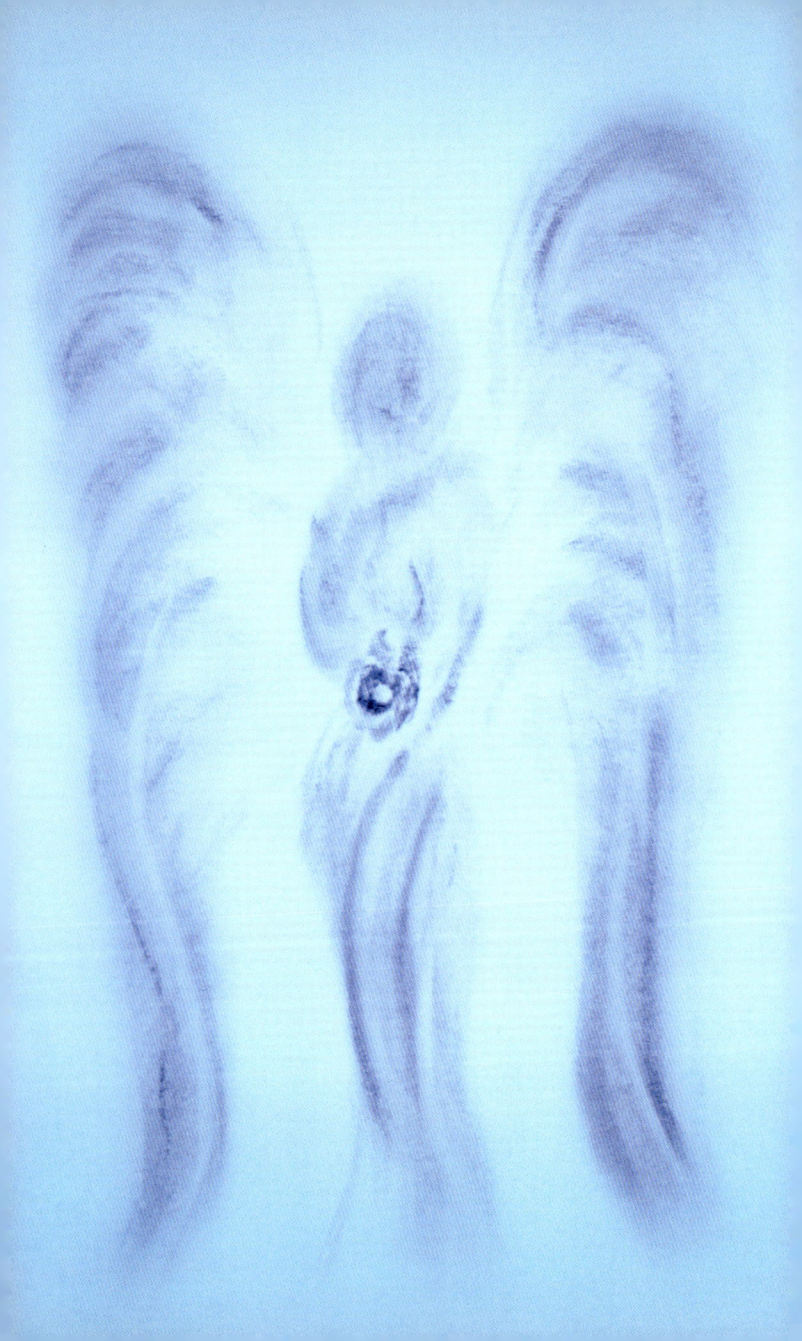

Gebet an Erzengel Michael
für Ablösung

Lieber Erzengel Michael,

ich brauche Dich nun mit Deiner blauen Energie und

Deinem Schwert der Ablösung. Bitte hilf mir jetzt. Es gibt

noch einige energetische Verbindungen, die aus meinem

Energiesystem zu anderen Personen oder Situationen

hin ranken. Diese Verbindungen sind mir nicht mehr

förderlich für meine Weiterentwicklung. Ich bitte Dich

daher, genau diese unnötigen, hinderlichen Verbindungen

jetzt mit Deinem goldenen Schwert zu durchtrennen.

Bitte durchtrenne diese Verbindungen jetzt. Ich danke

Dir dafür. Und ich bitte Erzengel Raphael, jetzt die soeben

entstandenen Wunden der Ablösung zu heilen.

Auch ihm gilt mein allerherzlichster Dank. Bitte lasse mich

spüren, Erzengel Michael, wenn alte und belastende

Verbindungen für immer durchtrennt sind.

Vielen Dank dafür.

Amen.

Gebet an Erzengel Zadkiel für Transformation

Lieber Erzengel Zadkiel,

ich bitte Dich jetzt zu mir und um Deine Hilfe. Ich bin

nun bereit, dass sich mein Leben wandelt. Ich bin bereit,

alte Erkenntnisse und Erfahrungen zu transformieren.

Ich bin bereit, alles in meinem Leben so umzuwandeln,

dass es für mich jetzt wieder passend ist und mich in

meiner Weiterentwicklung unterstützt. Bitte schicke mir

Deine Energie zur Unterstützung. Bitte transformiere ......,

sodass es zu meinem Sein und in mein Leben in dieser

Zeit passt. Bitte lasse Deine Energien fließen zur

Unterstützung, zur Förderung des

Transformationsprozesses.

Ich danke Dir von ganzem Herzen.

Amen.

Gebet an Erzengel Uriel
für Tatkraft und Manifestation

Lieber Erzengel Uriel,

ich bitte Dich und Deine Energie jetzt zu mir. Ich habe

in der nächsten Zeit sehr viel zu erledigen, sehr viel Neues

zu erschaffen und auf dieser Welt zu manifestieren.

Deine Farbe ist Rot. Rot ist die Kraft und die Stärke, das

Durchsetzungsvermögen, der Mut. Bitte richte Deinen

roten Strahl direkt auf mich und gib mir damit die Energie,

die ich für meine Vorhaben brauche. Hülle mich vollständig

ein in die Farbe Rot, in Deine kraftvolle Schwingung.

So kann ich auftanken und alles erledigen, manifestieren,

mit beiden Beinen fest im Leben stehen.

Von ganzem Herzen danke ich Dir, Erzengel Uriel.

Amen.

Gebet an Erzengel Jophiel
für Wissen und Weisheit

Erzengel Jophiel, Engel des Wissens und der Weisheit,

ich brauche Deine Kraft, um wieder Zugang zu meiner

Weisheit zu erlangen, die tief in meinem Inneren ruht.

Bitte unterstütze mich mit Deiner wundervollen Energie

in dem Prozess, diesen Zugang wieder klar und deutlich

nutzen zu können. Mein Wissen ist groß, doch es fällt mir

schwer, es im Alltag umzusetzen und zu leben.

Bitte unterstütze mich auch hier mit Deinem goldgelben

Strahl. Hülle mich ein mit diesen Farben, mit

Deiner Energie und gib mir die Kraft, mein Wissen

und all meine Weisheit zu leben.

Ich danke Dir von ganzem Herzen und schicke Dir direkt

aus meinem Herzzentrum als kleines Dankeschön einen

rosafarbenen Strahl der Liebe kraft meiner Gedanken.

Amen.

Gebet an die Seraphim
für Reinigung und Klarheit

Ihr Seraphim, die Ihr dem Thron Gottes am nächsten seid,

ich bitte Euch jetzt zu mir. Ich brauche Eure Energie.

Gedanklich komme ich Euch ein Stück entgegen, bitte

kommt mir mit Eurer kraftvollen Präsenz und Energie

auch ein Stück entgegen. Ich brauche Klarheit. Bitte reinigt

mein energetisches System von allem energetischen Unrat,

der nicht zu mir gehört. Bitte reinigt mit Eurem weißen

Licht meinen Körper, meinen Geist, meine Seele.

Bitte helft mir, wieder Klarheit zu finden, was mir geschieht,

klar wahrzunehmen und die richtigen Entscheidungen zu

treffen. Bitte reinigt mit Eurem weißen Strahl der Reinheit

auch mein Umfeld, mein Zuhause, meinen Arbeitsplatz.

Bitte reinigt diese Orte von allen Fremdenergien,

damit auch hier wieder Klarheit Einzug halten kann.

Ihr lieben Seraphim, ich danke Euch von ganzem Herzen.

Amen.

Gebet an Erzengel Chamuel
für Harmonie und Liebe

Lieber Erzengel Chamuel, Engel der Liebe und Harmonie,
ich bitte Dich jetzt zu mir, ich bitte Dich, mir zu helfen.
Hilf mir, wieder an mich selbst zu glauben, hilf mir, die
Liebe in meinem Herzen wieder zu spüren, und gib mir
die Kraft, die Liebe, die ich in meinem Herzen spüre, leben
zu können. Ich bitte Dich, meine Eigenliebe mit Deiner
Kraft zu fördern. Ich möchte mich selbst bedingungslos
lieben können, damit ich in der Lage bin, diese wunderbare
Liebe auch anderen zu schenken. Bitte richte Deinen
rosafarbenen Strahl der reinen Liebe auf mich und
fülle meine Aura mit dieser Liebe. Sende Harmonie
in mein energetisches System, Harmonie und
Ausgeglichenheit, damit ich mich wieder ganz
und heil fühlen kann.
Lieber Erzengel Chamuel, ich danke Dir von ganzem Herzen
für Deine Liebe.
Amen.

Anhang

Sonntags, um 22 Uhr

Wenn du bis hier hin aufmerksam gelesen und vielleicht auch schon das ein oder andere Gebet ausprobiert hast, so ist dir sicherlich völlig bewusst, dass Gebete eine äußerst kraftvolle Kommunikationsmöglichkeit mit der geistigen Welt darstellen. Beten wir für uns allein, wann auch immer, wo auch immer oder zu welchen Wesen auch immer, so ist das an sich schon sehr wirkungsvoll und kann eine enorme Energie freisetzen.

Nun stelle dir vor, viele Menschen würden gleichzeitig dasselbe Gebet sprechen. Und es liegt klar auf der Hand, dass Gebete, die man in Gemeinschaft spricht, noch um ein Vielfaches intensiviert werden, als wenn man allein z. B. für globale Dinge betet. Das folgende Bild macht deutlich, wie das zustande kommt: Wir wissen, dass kein Gedanke im Universum je verloren geht. Es entstehen „Gedankengebilde" aus all diesen Gedanken. Sprichst oder denkst du nun ein Gebet, dann entsteht, bildlich gesprochen, so etwas wie eine Gedankenblase. Eine Blase, die im Universum schwebt und auf ihrem Weg zum Empfänger ihre Ausstrahlung hat. Nun wissen wir auch, dass das kosmische Gesetz „Gleiches zieht Gleiches an" immer wirkt. Spricht also eine weitere Person dasselbe Gebet, dann entsteht eine weitere Gedankenblase. Diese beiden Gedankenblasen ziehen einander nun an und verschmelzen zu einer größeren Blase. Spricht eine dritte Person sinngemäß ein ähnliches Gebet, so geschieht wieder das Gleiche. Die große Blase zieht die neue Blase an und es findet eine Verschmelzung statt. Und je größer diese eine Blase wird, desto wirkungsvoller und kraftvoller ist sie. Stelle dir vor, wie eine Blase aussieht, die 100 Gebete in sich trägt, oder gar 1000 oder vielleicht 100.000. Sie ist geballte Kraft und diese Energie wirkt.

Es ist sicher keine neue Idee, einen Wochentag und eine Zeit zu vereinbaren, um positive Gedanken oder ein Gebet zu einer bestimmten Sache zu formulieren und ins Universum zu schicken, damit sich eine sehr große

Wirkung entfaltet. Ein solches gemeinsames Gebet möchte ich mit *Gebete aus dem Herzen* in die Welt hineinbringen und eine riesige Gebetsblase entstehen lassen. In Absprache mit der geistigen Welt habe ich als Wochentag den Sonntag gewählt und als Uhrzeit 22 Uhr. Und nun kannst auch du dich sonntagabends in diese Gebetsschwingung mit einbringen und so dafür sorgen, dass etwas Kraftvolles zum Wohle aller entsteht. 22 Uhr schien mir die passende Zeit, denn dann hast du dein Tagwerk verrichtet, liegst vielleicht schon im Bett, sodass du dich jetzt unbesorgt einem Gebet zuwenden kannst.

Das Thema für dieses Sonntagsgebet ist „Weltfrieden und Heilung". Wie schön wäre es doch, wenn Frieden auf unserer Welt herrschte. Frieden im Kleinen, also im zwischenmenschlichen Bereich wie der Partnerschaft und in der Familie, und Frieden im Großen, etwa zwischen den verschiedenen Ländern oder Völkern dieser Welt. Heilung ist allerdings genauso wichtig. Heilung von Gedanken, von Menschen, von Situationen und von Orten sowie Heilung im übertragenen Sinne. Heil sein für die Welt, auch hier wieder im Kleinen wie im Großen. Wobei das Kleine die Zellen sind, aus denen unser Körper besteht.

Und das Große wäre Heilung von kränkelnden Dingen, krankem Gedankengut, das viele betrifft. Wenn du dich einen Augenblick auf diese Thematik einlässt, findest du sicherlich viele Bereiche in deinem näheren und weiteren Umfeld, die Heilung und Frieden erfahren dürfen.

Das nachfolgende Gebet muss nicht wortwörtlich so gesprochen werden, wie ich es aufgeschrieben habe. Du kannst einfach deine eigenen Worte finden – all diese Gebete für Frieden und Heilung werden dennoch zu einer großen „Gebetsblase". Es gibt eine Passage in diesem Gebet, in der es heißt, dass man die Möglichkeit hat, Dinge, Personen, Situationen oder Orte in einen Lichtkreis zu stellen, damit diese Frieden und Heilung erfahren. Hier kannst du deine ganz persönlichen Dinge/Situationen/ Menschen ... nehmen. Verändere allerdings die Worte dieses Abschnitts möglichst nicht.

Wir alle, die an diesem Sonntagsgebet teilnehmen, würden uns freuen, wenn du dich auch am nächsten Sonntag oder auch an den kommenden Sonntagen in diese Gebetsschwingung einklinktest. Das Ganze dauert nicht länger als 10 Minuten. Sei willkommen, hier nun das Gebet:

Gebet für Frieden und Heilung

Lieber Gott, liebe Schöpfung, alle Engel und geistigen Helfer,
ich danke Euch für alles, was Ihr für mich und uns tut
und getan habt. Ich danke Euch von ganzem Herzen und
bitte nun um Heilung für die Welt und um Frieden:
Frieden für alle Länder unserer schönen Erde.
Frieden in den aufgebrachten Köpfen der Menschen.
Frieden in allen Kulturen.
Frieden in den Herzen der Menschen.
Frieden in unserem Zuhause.
Frieden in der Partnerschaft und Beziehung.
Frieden für alle Menschen dieser Erde.
Frieden für alles Leben.
Und ich bitte Euch um Heilung, Heilung auf allen Ebenen:
Heilung der Gefühle.
Heilung der Gedanken.
Heilung von Erkrankungen.
Heilung von krankmachenden Handlungen.
Heilung von Schmerz und Not.
Heilung aller Menschen, Tiere und Pflanzen.
Heilung unserer Erde selbst.

Nun stelle ich gedanklich eine Person, eine Situation
oder einen Ort in die Mitte eines Lichtkreises.
Und ich bitte darum, dass dieser Lichtkreis jetzt
mit Frieden und Heilung erfüllt wird.
Ihr Lieben, ich bitte darum, Heilung und Frieden
für alles Sein geschehen zu lassen.
Aus tiefstem Herzen danke ich Euch dafür.
Amen.

Das 100-Schritte-Gebet: Sag auch einmal danke!

Früher hat man als kleines Kind schon gelernt „Danke" und „Bitte" zu sagen. Das ist nicht nur sehr freundlich, nein, es ist auch selbstverständlich. Heute beobachte ich immer mehr, dass diese zwei kleinen Worte vielen Menschen nur schwer über die Lippen kommen. Und sie sind doch völlig kostenlos und haben dabei eine unbezahlbare Wirkung. Oft habe ich an Supermarktkassen oder in anderen großen Geschäft beobachtet, dass die Verkäuferin oder Kassiererin nicht einmal „Bitte" sagt, wenn sie den zu zahlenden Betrag nennt, oder gar „Danke", wenn die ältere Dame ihr das Geld passend auf den Tisch legt. Natürlich lässt sich eine solche Nachlässigkeit schnell entschuldigen mit „Stress" und „Zeitmangel". Und natürlich ist es nicht einfach, den ganzen Tag in einem Geschäft zu stehen und auf jeden Kunden individuell einzugehen. Das weiß ich aus meiner eigenen zweiundzwanzigjährigen Erfahrung der Selbstständigkeit im Einzelhandel. Hinzu kommt noch, dass man vielleicht viele gute, aber auch mal einen schlechten Tag dazwischen hat. Das ist alles menschlich. Doch wie viel schöner wäre die Welt, wenn wir generell freundlich miteinander umgehen könnten? Und dazu gehören eben auch die beiden kleinen Wörtchen „Bitte" und „Danke".

So, nun aber genug der Moralpredigt ... Auf was ich eigentlich aufmerksam machen möchte, ist die Tatsache, dass wir so vieles als absolut selbstverständlich hinnehmen, und es fällt uns im Traum nicht ein, uns dafür zu bedanken. Bei wem auch immer – bei Gott, bei der Schöpfung, bei den Engeln, den Aufgestiegenen Meistern, bei Erde selbst ... Dir fallen sicherlich auch noch viele Dinge ein, die ein Danke verdient hätten.

Bei einem Wochenendseminar habe ich eine Übung kennengelernt, die ich hier gern weitergeben möchte: Gehe genau 100 Schritte und sage (laut oder leise) bei jedem Schritt „Danke" – für etwas, was du sonst als selbstverständlich betrachtest und wofür dir sonst kein Dank über die Lippen kommt. Ich habe diese Übung gemacht und es war ein wundervolles Gefühl der Wertschätzung. Diese Übung dauert nicht länger, als du brauchst, um 100 Schritte zu gehen, in deiner Zeit, in deinem Schritttempo. Ich selbst begann mein „Gehgebet", indem ich Folgendes dachte:

Danke für diesen tollen Tag.
Danke für meine liebevolle Partnerschaft.
Danke für meine erfüllenden Tätigkeiten.
Danke für all die Liebe, die ich erfahre.
Danke für meinen gesunden Körper.
Danke für die Möglichkeit, Bücher zu schreiben …

Und es gab noch 94 weitere Möglichkeiten, mich zu bedanken. Ich dankte allem und jedem, was bzw. der mir bei meinen 100 Schritten einfiel. Mittlerweile habe ich das zu einem wunderbaren täglichen Ritual gemacht. Jeden Morgen, wenn ich zu meinem Auto gehe, und das steht genau 100 Schritte von meiner Haustür entfernt – ich habe sie gezählt –, mache ich diese Übung. Wenn ich dann bei meinem Auto bin, habe ich ein wunderbares Gefühl großer Dankbarkeit in meinem Herzen. Indem ich täglich meine Wertschätzung und Achtung ausdrücke, entwickle ich ein Gefühl dafür, dass ich nicht alles als selbstverständlich hinnehmen kann. Es sind so viele Geschenke, die täglich auf mich warten. Ich muss nur meine Augen und mein Herz öffnen …

Sicherlich findest du in deinem Leben ebenfalls vieles – Dinge, Begebenheiten, Menschen … –, das es wert ist, dass du dich dafür bedankst. Übrigens ist auch nicht zu unterschätzen, dass man das, wofür man sich bedankt, mehr und mehr in sein Leben zieht. Wenn du dich also oft für den inneren und äußeren Reichtum in deinem Leben bedankst, wird dieser Reichtum zunehmen, nicht sofort in diesem Augenblick, aber im Laufe der Zeit. Dieses kosmische Gesetz wirkt …

Und nun wünsche ich dir viel Spaß und wunderbare Einsichten bei deinem „100-Schritte-Gebet".

Das virtuelle Schaltpult

Diese geistige Arbeit hat zwar nicht unmittelbar etwas mit dem Thema „Beten" zu tun, ist jedoch eine wunderbare Energiearbeit zum Wohle von dir selbst und anderen. Und so möchte ich sie dir hier nicht vorenthalten. Sie mag ein wenig an die Arbeit mit Affirmationen erinnern, ist jedoch nach meiner Erfahrung um ein Vielfaches wirkungsvoller. Auf geht's:

Stelle dir ein Schaltpult vor, wie es in Tonstudios zu finden ist. Ein Schaltpult mit unzähligen Schiebereglern. Und nun wähle ein Thema in deinem Leben aus, das dir besonders wichtig ist, beispielsweise den Erfolg. Wer möchte keinen Erfolg haben? Suche dir aus der Vielzahl der Schieberegler einen heraus. Kennzeichne diesen Regler mit dem Wort und der Energie „Erfolg". Und nun schau mit deinem inneren Auge, wo der Regler steht. Befindet er sich mehr im unteren Bereich, dann hat er wenig Energie und „Erfolg" hat in deinem Leben wenig Chance, sich zu zeigen. Steht er im oberen Drittel, dann bekommt er etwas mehr Energie. Was spricht nun dagegen, diesen Regler ganz nach oben zu schieben? Nichts! Schiebe den Regler jetzt also einfach in Gedanken ganz nach oben, den Regler für deinen persönlichen Erfolg.

Nimm nun den nächsten Regler, der da vielleicht die Aufschrift „Gesundheit" trägt. Wo genau steht er? Schiebe auch ihn ganz nach oben und signalisiere damit deinem System, dass du bereit bist, ab sofort gesund zu sein.

Auf diese Weise kannst du verschiedene Regler nutzen, um unterschiedlichen Qualitäten in *deinem Leben mehr Energie zu geben. Du denkst, das sei zu einfach? Richtig, es ist einfach! Niemand hat je behauptet, dass es nicht einfach sein darf, ein gutes Leben zu haben. Probiere diese Technik aus und schau, was geschieht.*

Es ist empfehlenswert, von Zeit zu Zeit zu schauen, wo die Regler aktuell stehen. Denn es kann durchaus sein, dass sie mit der Zeit wieder in die Ausgangsposition zurückrutschen. Schiebe sie dann einfach wieder nach oben.

Es gibt viele Eigenschaften, deren Intensität in deinem Leben du mit den Reglern verändern kannst. Sei kreativ, dir fallen sicherlich noch viel mehr Dinge ein. Hier ein paar Beispiele: Gesundheit, innerer Reichtum, äußerer Reichtum und Wohlstand, Ansehen, gegebene Liebe, empfangene Liebe, Achtsamkeit, Geduld, Kommunikationsfähigkeit, Genauigkeit, Authentizität, Harmonie, Gelassenheit, Leichtigkeit, Entspannung, Anpassungsfähigkeit, Mitgefühl, Auffassungsgabe, Ausdauer, Zuverlässigkeit, Selbstbewusstsein, Selbstsicherheit, Stabilität, Verantwortungsbewusstsein, Weitblick, visionäres Denken, Teamfähigkeit, Motivationsfähigkeit, Kontaktfähigkeit, Belastbarkeit, Empathie, Entscheidungsfreude, Sensibilität, Teamfähigkeit ..., um nur einige zu nennen, die es vielleicht Wert sind, mehr Energie zu erhalten, indem du bewusst den Regler ganz nach oben auf „Power" schiebst.

Und noch ein paar Worte zum Abschluss

Mit *Gebete aus dem Herzen* wollte ich dir das Beten etwas näherbringen und diese wertvolle Technik etwas auflockern, indem ich sie von allen religiösen Dogmen befreit habe. Ich hoffe sehr, dass mir das ein wenig gelungen ist. Gebete begleiten mich schon seit einigen Jahrzehnten. Sie taten und tun mir auf den verschiedenen Ebenen gut. Zum einen habe ich mit ihrer Hilfe oft meinen Kummer und meine Sorgen abgeben können und somit Leichtigkeit in mir verspüren dürfen. Mir war immer klar, dass Gott und die geistige Welt mir stets zur Seite stehen, so fühlte ich mich beim Beten getragen und verstanden. Ein schönes Gefühl!

An dieser Stelle sei außerdem gesagt: Mache dich von nichts und niemandem abhängig, auch nicht von Techniken der geistigen Arbeit. Bete, wann immer du das Verlangen verspürst, bete, wann immer es dir in den Sinn kommt und es sich gut für dich anfühlt. Zwinge dich nicht dazu. Auch hier ist „Leichtigkeit" das Zauberwort: Bete mit Leichtigkeit und Freude.

Die geistige Welt möchte, dass wir in Freude und Liebe leben. Doch gibt es ein kosmisches Gesetz, das den Geistwesen untersagt, ungefragt in unser Leben einzugreifen. Sie respektieren unseren freien Willen, den wir für dieses Leben erhalten haben. Wenn wir beten, bitten oder die geistigen Helfer in unser Leben einladen, wie etwa mit einem Gebet, haben sie quasi die Erlaubnis, uns hilfreich zur Seite zu stehen.

Ich freue mich, wenn du durch die Zeilen und Anregungen in diesem Büchlein neue Impulse erfahren hast. Und wenn du möchtest, schreibe mir einfach deine Erfahrungen per E-Mail. Natürlich antworte ich immer, es kann nur manchmal ein wenig dauern. Meine Kontaktdaten findest du auf Seite 119.

Herzlichst
Jürgen Pfaff

Literatur- und CD-Empfehlungen

William Walker Atkinson: *Die Kunst des geistigen Heilens. Spirituelle, geistige und körperliche Heiltechniken.* Auriana Verlag, 2015

William Walker Atkinson: *Kybalion. Die 7 hermetischen Gesetze. Das Original.* Auriana Verlag, 2011

William Walker Atkinson: *Kybalion 2. Die geheimen Kammern des Wissens. Die verlorenen Manuskripte.* Auriana Verlag, 2013

Edwin Courtenay: *Rituale und Gebete der Aufgestiegenen Meister: Von den Lords und Ladies von Shambhala.* Edition Sternenprinz, 2009

Louise L. Hay: *Gesundheit für Körper und Seele.* Allegria Verlag, 2013

Debra Landwehr Engle: *Sieben kleine Worte. Das einzige Gebet, das Sie wirklich brauchen.* Heyne Verlag, 2015

Jeanne Ruland: *Die Gegenwart der Meister. Einweihungen in höhere Welten auf dem Pfad der Selbstmeisterung.* Schirner Verlag, 2015

Antoine de Saint-Exupéry: *Der kleine Prinz. Mit Illustrationen des Autors.* Nikol Verlag, 2016

Bücher und CDs von Jürgen Pfaff

Alle Bücher, Kartendecks und Meditations-CDs kannst du (sofern nicht vergriffen) im Buchhandel oder in meinem Shop bekommen.

Bücher

Das Buch der Naturwesen. Der Schlüssel zum Reich der Elfen, Einhörner, Gnome und Nixen. Hans-Nietsch-Verlag, 2015

Das Handbuch der heilenden Farben. Die schönsten Techniken zum Heilen und Inspirieren. Windpferd Verlag, 2011

Die großen Farb-Diagnosekarten. Farben als Spiegel von Körper, Geist und Seele. Das intuitive Farb-Selektionssystem für Farbkarten und farbige Seidentücher. Mit Farb-Meditationen. Windpferd Verlag, 2001

Die Seraphim erleben. Hans-Nietsch-Verlag, 2011 (Buch-Karten-Set mit 33 Seraphim-Karten, energetisiertem Glasnugget und Praxisbuch)

Engel erleben. Das Praxis-Set mit 44 Karten und Begleitbuch. Hans-Nietsch-Verlag, 2008

Touch the Spirit. Engel-, Meister-, Chakren- und Heilenergien der heutigen Zeit kontaktieren und nutzen. Hans-Nietsch-Verlag, 2014

CDs (Musik: Arne Herrmann)

Blau. Die Friedens-Meditation, Erlebnismeditation in eine innere friedvolle Welt der Farbe Blau. Windpferd Verlag, 2003

Grün. Freiheit und Natur, Erlebnismeditation in der Welt der Bäume und Gräser mit der Farbe Grün. Windpferd Verlag, 2003

Orange-Gelb. Sonnenmeditation der Weisheit, Erlebnismeditation zur Quelle der Lebensfreude und der Weisheit mit den Farben Orange und Gelb. Windpferd Verlag, 2003

Rot-Rosa. Liebesmeditation der Kraft. Erlebnismeditation zur Erweckung der Liebeskraft mit den Farben Rot und Rosa. Windpferd Verlag, 2003

Türkis. Die Delfin-Meditation, Erlebnismeditation im Meer mit Delfinen und der Farbe Türkis. Windpferd Verlag, 2003

Violett. Heilungs-Meditation, Erlebnismeditation mit heilender Energie und der Farbe Violett. Windpferd Verlag, 2003

Weiß. Schutzengel-Meditation, Erlebnismeditation mit dem Schutzengel und der Farbe Weiß. Windpferd Verlag, 2003

Chakren & Aura erleben, Geführte Erlebnis-Meditationen zur Aktivierung und Harmonisierung der 7 Hauptchakren und der Aura. Hans-Nietsch-Verlag, 2010

Engel erleben, Meditationen und Visualisierungen als Reise zu Heilung, Liebe, Wohlstand und Schöpferkraft. Hans-Nietsch-Verlag, 2008

Naturwesen erleben, Einhornmeditation zur Heilung von Mensch und Erde. Elfenbegegnung zur Heilung von Körper und Geist. Gnome, Trolle und Kobolde für Freude und Reichtum. Nixenmeditation zur Harmonisierung der Gefühle. Hans-Nietsch-Verlag, 2008

Zeitenwende erleben, Meditationen und Visualisierungen als Hilfe für den Übergang in die neuen Zeitenkräfte und Denkweisen. Hans-Nietsch-Verlag, 2010

Kontakt

Über E-Mail kannst jederzeit Kontakt zu mir aufnehmen. Hast du Kritik, willst du mir deinen Erfahrungsbericht zusenden, hättest du gern Seminare in deiner Gegend, schreibe mir eine Mail, ich antworte immer:

j-pfaff@gmx.de

Meine Homepage: Auf meiner Website findest du meine Karten-Decks *Engel erleben*, *Die Seraphim erleben* und *Die großen Farb-Diagnosekarten.* Hier kannst du dir jeweils eine Karte ziehen und schauen, welche Impulse dir die Karten geben. Außerdem findest du hier Channelings und einige andere Informationen. Es gibt einen Shop mit portofreier Lieferung, vorbeischauen lohnt sich:

www.j-pfaff.npage.de

Der Autor

 Jürgen Pfaff ist seit vielen Jahren auf spiritueller Ebene aktiv. Der ausgebildete Entspannungspädagoge und erfolgreiche Autor ist zudem Spezialist in geistigen Fähigkeiten, zertifizierter psychologischer Berater, Aura-Soma-Berater, Reiki-Lehrer u. v. m. Er hält Vorträge, gibt Seminare und bietet Einzelberatungen an. Neben der geistigen Arbeit sind ihm Engel und das große Thema „Farben" sehr wichtig.

Jürgen Pfaff

Touch the Spirit

Engel-, Meister-, Chakren- und
Heilenergien der heutigen Zeit
kontaktieren und nutzen

HANS-NIETSCH-VERLAG

HANS-NIETSCH-VERLAG

Jürgen Pfaff

Das Buch der Naturwesen

Der Schlüssel zum Reich der Elfen, Einhörner, Gnome und Nixen

HANS-NIETSCH-VERLAG

HANS-NIETSCH-VERLAG

JÜRGEN PFAFF

ENGEL
erleben

Das Praxis-Set mit 44 Engelkarten und Begleitbuch

HANS-NIETSCH-VERLAG

JÜRGEN PFAFF

Die

SERAPHIM
erleben

Botschaften, Meditationen, Techniken und eine Einweihung aus der Ebene der höchsten Engelwesen

Mit 33 Seraphim-Karten, energetisiertem Glasnugget und Praxisbuch

HANS-NIETSCH-VERLAG

HANS-NIETSCH-VERLAG

HANS-NIETSCH-VERLAG

HANS-NIETSCH-VERLAG